英語スピーキング大特訓

" Train Yourself
to Express Your Experience
and Philosophy in English "

自分のことを論理的に話す技術とトレーニング

植田一三

編著

常田純子・上田敏子・Michy里中

著

無料音声
ダウンロード付

ベレ出版

プロローグ

　皆さんお元気ですか。Ichy Ueda です。思い起こせば、2005 年に社会問題の論理的発信力アップトレーニングの極意を記したベストセラー『英語を論理的に話す技術とトレーニング』を出版して以来、17 年以上の歳月が流れましたが、その間に各種資格検定対策本や大学向け図書を含め、社会問題に関する論理的発信力アップシリーズを 20 冊以上執筆してきました。それは 21 世紀になって、グローバル化が進むにつれて、かつての英会話ブームからロジカルシンキングやディベートがトレンドとなったことが背景にあります。

　しかし同時に、人生哲学や自分の体験談や好みなど、**パーソナルなトピックを英語で論理的に発信する「技術とトレーニングの指南書」の重要性**を常に考えてきました。というのも、ノンネイティブ、ネイティブを問わず、社会問題に関しては論理的に発信しようと「意識的努力」をしようとするのですが、個人的なトピックに関しては、つい油断して論理に一貫性のないわかりにくい発言をしがちで、その結果、ミスコミュニケーションがよく起こるからです。特に日本語コミュニケーションの場合は、主語や接続関係が明確ではなく、論理性やカテゴリゼーションに関しても英語ほど厳しくないので、少し気を抜くとわけのわからない不明瞭な発言になってしまいます。故に、この論理性は英語でコミュニケーションをする上で極めて重要なファクターです。実際、IELTSや TOEFL などの検定試験において、パーソナルなトピックの発信力問題で高得点をゲットするのに重要で、英検 1 級でも、26 年以上前までは二次試験において、パーソナルトピックが主流であったときは、その論理的スピーキング力が二次試験突破のために重要な要素でした。事実、このスキルは、日常の会話でパーソナルトピックに関する**中身のある話し合いをするために不可欠**です。

　私は過去約 40 年間にわたって英検 1 級突破対策指導を行ってきましたが、日本人英語学習者は、社会問題だけでなく、人生の問題や世間話に関しても論理的に話し合うのが苦手で、それが英語でのスムーズなコミュニケーションを困難なものにしていると痛感しています。そこで、英語の勉強を通して、**mindsetを乗り越える意識的努力によってロジカルシンキング・クリティカルシンキングを鍛え、このスキルを英語でアップすることで、「英語・日本語の両方の論理的スピーキング力」**を向上させるアプローチが不可欠であると確信しています。

3

こういった状況を背景に、念願の人生哲学やパーソナルなトピックに関する論理的発信力アップ本を出版できるのはこの上ない喜びです。これを多くの英語学習者が「目からうろこ」と appreciate していただければ作家冥利に尽きます。そして、そういったパーソナルなトピックに関する英語のロジカルスピーキング力をアップするために書かれた本書の構成とメソッドは次の通りです。

　まず、「人生における印象的な経験」やライフプランをふまえた「人生哲学」のスピーキング力 UP トレーニングに始まり、続いて「学校・学業」と「仕事・職場・リーダーの資質」に関するスピーキング力 UP 大特訓を行い、次に「レジャー・スポーツ・アート・エンタメ」 と 「家族、友人、同僚、先輩、先生などとの人間関係（interpersonal relationships）」や「尊敬する歴史上の人物・有名人」に関する会話力 UP を行います。続いて「家・公共施設・旅行先など様々な場所」と、「最も大切にしているものや一番欲しいもの」「好きな食べ物・色・動物・数字」の発信力 UP を行います。最後に「日本紹介」と「メディア・テクノロジー・健康問題・環境問題」のスピーキング力 UP のトレーニングで締めくくります。そして、各章では、各トピックを効果的かつ楽に発信するための**「画期的なテンプレート」**を紹介し、さらに**表現力 UP のためのレクチャーが満載**です。さらに英語例文にはダウンロード音源がついているので、シャドーイングなどを通じて効果的に発信力 UP ができるようになっています。

　最後に、本書の制作にあたり、惜しみない努力をしてくれたアクエアリーズスタッフの常田純子氏（4 章・5 章・6 章執筆）、上田敏子氏（2 章・3 章・7 章・8 章執筆＆全体企画・校正）、Michy 里中氏（1 章・9 章執筆）、守茂山雄亮氏（校正＆編集）、西宮正太朗氏（1 章＆ 9 章執筆協力）、参考文献の著者の方々には、心から感謝の意を表したいと思います。それから何よりも、我々の努力の結晶であるこの著書を愛読してくださる読者の皆さんには、心からお礼を申し上げます。それでは皆さん、明日に向かって英悟の道を！

Let's enjoy the process! （陽は必ず昇る）

植田 一三（Ichy Ueda）

CONTENTS

Chapter 8　「日本紹介」スピーキング力UPトレーニング

Chapter 9　「メディア・テクノロジー・健康・環境」スピーキング力UPトレーニング

音声ダウンロード方法

・付属音声をベレ出版ホームページより無料でダウンロードできます。
（MP3 ファイル形式）

1. パソコンのウェブブラウザを立ち上げて「ベレ出版」ホームページ
   （www.beret.co.jp）にアクセスします。

2. 「ベレ出版」ホームページ内の検索欄から、『英語スピーキング大特訓
   自分のことを論理的に話す技術とトレーニング』の詳細ページへ。

3. 「音声ダウンロード」をクリック。

4. 8ケタのダウンロードコードを入力しダウンロードを開始します。
   ダウンロードコード：**YTQ2UVx8**

5. パソコンやMP3音声対応のプレーヤーに転送して、再生します。

お願いと注意点について

・デジタル・オーディオ、スマートフォンの転送・再生方法など詳しい操作方法については小社では対応しておりません。製品付属の取り扱い説明書、もしくは製造元へお問い合わせください。
・音声は本書籍をお買い上げくださった方へのサービスとして無料でご提供させていただいております。様々な理由により、やむを得ずサービスを終了することがありますことをご了承ください。

序 章

◎日本人の英語スピーキングの問題点

　「読む・聞く」と比べて、スピーキングが苦手だという日本人は多いのですが、本当に英語力だけが乏しいから話せないのか、その改善法は何なのかについて考えてみましょう。英語の speak とは、英英辞典（Oxford）の定義によると次のようになっています。

① to talk to somebody about something; to have a conversation with somebody（何かについて誰かに話す；誰かと会話をする）

② to use your voice to say something（声を出して何かを言う）

③ to mention or describe something / somebody（物事・人物を描写説明する）

④ to use a particular language to express yourself（言語を用いて自己表現する）

⑤ to make a speech to an audience（聴衆に向かってスピーチをする）

　さらに①の定義にある talk を Oxford で調べると、

① to speak in order to give information or to express feelings, ideas, etc.（情報を与え、自分の気持ちや考えを表すために発話する）

② to discuss something, usually something serious or important（重要な問題について話し合う）

③ to talk about a person's private life（自分の私生活について話す）

などとなっています。

　まとめると、**speaking でまず重要なのは、他人との interaction**（＝communicating with somebody, especially while you work, play or spend time with them：人と仕事や遊びなどでコミュニケーションする）です。つまり shy（＝nervous or embarrassed about meeting and speaking to other people：人と会ったり話したりするのが不安）ではなく、**friendly**（＝behaving in a way that shows you like them and are ready to talk to them or help them：好き、話したい、助けたいという態度で接する）な人がスピーキング力が高くなります。

次に talk の定義①の give information、express feelings, ideas とあるところからもわかるように、**speaking の得意な人**は常に情報をシェアしたり、アドバイスしたりする**気前の良さ**があり、**情報通**・物知りです。特にアドバイスは「情報と意見」を同時に与えようとするということなので、speaking エネルギーの高い行動です。

また、speak の定義④の express yourself は自分の feelings、desire、thoughts、belief などを述べることで、典型的な欧米人のように **assertive**（＝ expressing opinions or desires strongly and with confidence so that people take notice）な人がスピーキング力が高くなります。これは、子供の時から個性（individualism［＝ the quality of being different from other people and doing things in your own way：他人と異なり、マイペースで物事を行う］）や自信（self-confidence［＝ you can trust, believe in and be sure about your abilities or good qualities：自分の能力や性格を信じきること］）を育てる教育によって生まれたものです。

◎ 論理的思考力とアーギュメント力を鍛える

talk の定義の②に、to discuss（＝ to talk about something with somebody, especially in order to decide something：何かを決定するために誰かと話し合う）とありますが、これは社会問題の解決策を話し合ったり、意思決定のためにビジネスミーティングをしたり、重大な人生の問題について話し合ったりすることです。欧米ではハイスクールの時から社会問題や人生の問題についてのディスカッションを中心にした授業が行われており、「成功に必要な条件は運か、努力か、才能か、自信か、チャレンジ精神か、決断力か」といった人生哲学のトピックや様々な教育の問題についての課題作文練習の機会も多くあります。**仮定の状況**（hypothetical situations）に自分を置いて「if 思考」で物事を論じたり、**人を説得したりするための理由づけをするスキル UP 訓練**が重要です。

また、重要な人生や社会問題のディスカッションに欠かせないのが「論理的思考力（critical thinking ability）」と「アーギュメント力」です。特に前者は、国際化が進む中、最近特に重要になってきたもので、「関連情報を集めて評価し、問題点とその解決策を見出し、優先順位をつけ、問題解決や結論に至る能力」で、欧米の教育で重要視されているスキルです。何をするか、何を信じるかについ

て、**明確に、深く、合理的に考え、意見・価値観の論理性、論理の矛盾、思い込みを検証し、理路整然と問題の解決策を導き出していく**ことです。このクリティカルシンキング力が欧米の「学問・教育の核」となっており、これを鍛えることで、英語で人生哲学や日常の問題を考えて発信する力が数段 UP していきます。

◎ ポイントを述べてサポートする

そして「ポイントを述べてそれをサポートする」ことがメッセージをクリアにするために重要です。そのためには普段の日本語会話でも結論を述べてからその理由を述べる練習を行う必要があります。例えば、「この計画は実現可能性が非常に低いと思います。その理由は、研究開発費がかかり過ぎる割に数年以内に元が取れる見込みが立たず（cannot expect a return on the investment in several years）、大衆受けが期待できない（not have popular appeal）からです」のように述べましょう。海外留学経験がなく「純ドメスティック（＝純ドメ）」の教育を受けた人が英語のスピーキング力 UP を図るには、この点に注意し、意識的に努力をして、agility（＝ the ability to think quickly and clearly）を養う必要があります。

◎ 物事・人物を描写説明する能力

さらに speak の定義③の to mention or describe something / somebody（物事・人物を描写説明する）の「描写能力」は「〜とは何か？」を言葉で説明することですが、その時、出来事なら **5W1H を考えながら説明する**必要があります。つまり、who（誰が）、何が（what）、いつ（when）、どこで（where）、どのようにして（how）、なぜ（why）起こったか、なぜ（why）それが印象的なのかなどについて述べる必要があります。この描写能力は、「尊敬する人物、最も影響を受けた先生（歴史上の人物）」「忘れられない経験」「最も行きたい国」「望ましい友人（上司）像」「住みたい家の特徴」「ホームタウンの長所と短所」など様々なトピックの描写に必要なスキルです。この点についても欧米では、子供の時から長めの課題作文を書く練習をしたり、授業でプレゼンテーションするなどして鍛えていますが、日本では、このような練習をする機会がなかなかありません。

◎音読を重視すると「話す・聞く」力が強くなる

　最後に、speak の定義④ to use a particular language to express yourself（言語を用いて自己表現する）は、ある言語の運用力のことです。ご存じのように、日本人は語彙表現力 UP に関して、学生の頃から概して「受信型」の勉強をしています。そのため、読み物の中で文脈からわかる「認識語彙・表現」（passive vocabulary）は増えるものの、「運用語彙・表現力」（active vocabulary）が非常に乏しい英語学習者が圧倒的に多いというのが現状です。日本語は pictographic（絵文字的）なのに対して、英語は phonetic（音声の）言語です。日本人は「黙読」が中心になり、読み・書きに強くなるのに対して、リズムやイントネーションがキーエレメントである英語の母国民は「音読」を重視し、話す・聞く力が強くなると言われます。そこで英語学習のときには、日本人も、音読を意識的に行う努力が必要になります。

　speak の最後の定義⑤ to make a speech to an audience（聴衆に向かってスピーチをする）も、日本人では苦手な人が大半を占めます。これは授業でのプレゼンテーションが重要なウェートを占める欧米の教育と違って、日本の国語や英語教育では読解や暗記が中心であるためです。

　ちなみに、欧米では、親が子供に自分の意見を持ち、きちんとした理由を述べられるように教育します。また授業のディスカッションでも自分の意見を論理的に述べる練習をさせます。しかし、伝統的な日本型の教育を受けた人々にとって、この「欧米型コミュニケーションスタイル」を身につけるのは、英語であれ、日本語であれ、非常にチャレンジングなのです。日本人は直感的な意見を述べるスタイルのコミュニケーションが当たり前になっているのに対し、英語のネイティブスピーカーは、何かのポイントを述べた後、理由を聞かれなくても、because...と理由を述べるのが基本です。そのため、何らかの質問に対する答えが長くなりがちなのですが、日本人は 10 秒ぐらいで応答が終わってしまうか、理由ではなく関連情報を述べることが多々あります。

　以上、日本人の英語スピーキングにまつわる問題点について述べてきましたが、英語のスピーキング力 UP には、従来の英語学習で重要視されていた英単語や文法の習得以外のファクターを鍛える必要性がおわかりいただけたでしょう。本書は、こう言ったことを踏まえて、それらの問題点を克服しながら、日常生活や人生哲学のトピックに関するスピーキングが上達するように構成されています。

Chapter 1

「人生経験・哲学」
スピーキング力 UP トレーニング

この章では、人生について述べるトピックで、成功に必要な条件（運と努力と才能）、自信、リスクテイキング（チャレンジ精神）、および「人生で一番大きな決断」「達成した目標」「自分の人生で変えてみたいこと」「最も貴重だったアドバイス」など人生哲学に関するトピックや、人生で経験した「忘れられない経験・出来事（an unforgettable[memorable] experience[event]）」や「最も恥ずかしかった経験（the most embarrassing experience）」、参加したイベントや感動的なもの（the most impressive[stirring] event）など、印象的な思い出に関するトピックについて英語で何でも言えるようにします。人生哲学の中には、例えば次のような質問があげられます。

❶ **What was an important decision you made in life?**
　（あなたがこれまでの人生で下した重要な決断は何でしたか）

❷ **What is an aim or goal that you want to achieve in the future?**
　（あなたが将来達成したい目標は何ですか）

❸ **What was the most challenging[enjoyable] experience you have ever had in your life?**
　（あなたが人生で経験した最も困難だった［楽しかった］ことは何でしたか）

　例によって**説明不足（sketchy）にならないように 5W1H を考え**、イベントなら「いつ、どこで開かれ、なぜ参加し、何をして、どう思ったか、なぜ感動したか」などがスラスラ言えるようにならなくてはなりません。

「最も印象的な経験」スピーキング力UPトレーニング
My Most Memorable Experiences

　日常生活において親しくなった人との会話や、英語の検定試験などで、**最も印象深い経験（the most memorable experiences）**について述べるケースは多く、それによってさらに人間関係を深めたり、検定試験で高得点を取れるように、それらについて英語でスラスラ言えるようになっておきましょう。例えば次のような質問の場合がそうです。

テンプレート① 最も印象に残った経験を尋ねる

What was the most X（形容詞）experience[event / day / moment]（you've ever had）in your life?

（あなたの人生で最も X の経験［イベント・日・時］は何でしたか）

Xはポジとネガに別れ、それぞれ以下の1、2、3などがあります。

| ポジティブ1 | 忘れられない、感動的な | memorable |

ポジティブ1　忘れられない、感動的な　memorable
ポジティブ2　楽しい　enjoyable / exciting
ポジティブ3　やりがいのある　meaningful / soul-enriching / fulfilling / fruitful

ネガティブ1　恥ずかしい　embarrassing / humiliating
ネガティブ2　しゃくにさわる　frustrating / exasperating / irritating
ネガティブ3　恐ろしい、つらい　shocking / traumatic / heartbreaking

　また、in your life の代わりに、when you were an elementary[high school / college] student、as a student、recently などがきても対応できるようにしておきましょう。また、バリエーションとして、What is the most exciting event you have recently attended? のようにも言えます。そして、この頻出タイプの質問に答えるテンプレートが次のものです。

> ### The most X（形容詞）experience（in my life）was when I ＋動詞過去形＋時.
> （人生で最も X な経験は～の時のことでした）

「私の人生で最も感動的な経験は～である」と言いたい場合は、The most memorable experience in my life was［is］となりますが、この場合、be 動詞は was でも is でもかまいません。これに when I ＋動詞の過去形を加えて、when I traveled to Europe、when I gave a violin performance、when I met ～、when I made a speech in front of a large audience at high school のように述べていきます。この when I ＋動詞の代わりに名詞句で、my trip to London や a short stay in New York のように言うこともできますが、「**when I ＋動詞の過去形**」の方が汎用性が高く言いやすいので、まずこの形を覚えてください。これに several years ago、ten years ago、as a high school student のような「時の表現」を加えて完成です。

　また、このタイプの質問やトピックのスピーチで、数センテンス話したい場合は、最後に次のような締めの言葉を述べましょう。

> ### It was the most X（形容詞）experience［day / trip / date］（I've ever had）in my life.
> （それは人生で最も X な経験［日・旅・デート］でした）

　例えば、この表現を自然の中でのキャンプ体験で使ってみると次のようになります。

1. 私の人生で最も印象的だった経験は、私が5年前に富士山近くのキャンプ場に泊まった時のことでした。	**The most memorable experience in my life** was when I stayed at a campsite near Mt. Fuji five years ago.
2. 自然の中でのキャンプは人生で初めてでした。	Camping in nature **was the first time in my life**.

☞ ～ was the first time in my life は「～は初めての経験でした」というときの便利な表現。

景色や自然が素晴らしかった場合は次のように言います。

3. 息を呑むような自然の美しさにとても感動しました。	I **was so impressed by** the breath-taking beauty of nature.
4. 富士山の絶景、星空、新鮮な空気と緑を満喫しました。	I **fully enjoyed** a spectacular view of Mt. Fuji, the starry night sky, and fresh air and greenery.

と言っておいてから「締めの言葉」の出番です。

5. 実際、人生で最も忘れられない経験 [日・旅・デート] でした。	Actually [Indeed] **it was the most unforgettable experience** [day / trip / date] (I've ever had) in my life.

他にも「締めの言葉」には次のようなものがあります。

◎ 自分の体験を述べる場合に用いる締めの言葉はこれだ！

1. It was the most unforgettable experience in my life.

それは私の人生で最も忘れられない経験でした。

2. It was the most exciting [memorable] event in my life.

それは私の人生で最もエキサイティングな [忘れられない] イベントでした。

3. It was the most embarrassing [humiliating] experience in my life.

それは私の人生で最も恥ずかしい [屈辱的な] 経験でした。

☞ embarrassing は軽く、humiliating は痛烈なニュアンス。

4. It was an intellectually stimulating experience.

それは知的に刺激的な経験でした。

☞ stimulating は「元気で前向きになる」の意味。

5. It was a very enlightening [illuminating] experience.

それは非常に啓発的な［目からうろこの］体験でした。

6. It was the most thought-provoking experience in my life.

それは私の人生で最も人生を考えさせられる経験でした。

☞ thought-provoking は「いろいろ人生や物事について考えさせられる」という意味で、小説や映画など物語にも使える重要表現。

7. It was really a soul-searching experience.

それは実に自己反省を促す経験でした。

☞ soul-searching は、自分のやっていることが正しいかどうか気持ちを整理すること。

8. It was the most challenging experience in my life.

それは私の人生で最もやりがいのある経験でした。

☞ challenging は「困難であるが楽しい」。

9. It was an uplifting experience.

それは幸せになり、希望が湧いてくる経験でした。

☞ uplifting は「気持ちが高揚する、希望が湧いてくる」という意味の必須表現。

10. It was really an invigorating [energizing] experience.

それは本当に元気の出る［エネルギーの湧いてくる］経験でした。

☞ invigorate は「生き生きとさせる」という意味の重要単語。

11. It was an emotionally satisfying experience.

それは感動的な体験でした。

12. It was a meaningful[productive / fulfilling] experience.

それは有意義な［実りある、充実した］経験でした。

☞ この形容詞はどれも「充実した」に相当する語。

13. It was a really inspiring experience.

それは本当に刺激的でやる気の出る経験でした。

☞ inspirational は「新しいアイデアなどインスピレーションを与える」。

　それではさっそく「人生経験」に関する質問の回答と重要フレーズを学習していきましょう！

▶ TRACK 1

Q. What is the most valuable experience you had as a student?

学生時代にした最も価値ある経験は何ですか。

1. それは高校生のときのアメリカでの短期留学滞在でした。	**It was** a short study stay in America **when** I was at senior high school.
2. ホームステイは異文化コミュニケーションをするのに最も身近な方法です。	Homestay is the most familiar way of experiencing **cross-cultural communication.**

☞ a short study stay「短期留学滞在」、cross-cultural communication「異文化コミュニケーション」。この他の表現として intercultural exchange、cultural exchange「異文化交流」もぜひ覚えておこう！

3. ホームステイは、草の根の交流を通して国際理解を深める最高の手段といえます。	Homestays can be the best way to promote international understanding through grass-roots exchanges.

☞ grass-roots exchange「草の根の交流」。他に foster mutual understanding「相互理解を深める」も重要なので使えるようになろう！

4. 国籍や文化的背景の異なる多くの人々と出会う素晴らしい機会となりました。	It gave me a wonderful opportunity to meet a lot of people with different nationalities and cultural backgrounds.

☞ people with a different set of values「価値観の違う人」も必須表現なので覚えておこう！

5. 外国文化との出会いによって文化的および知的視野が広がりました。	**My exposure to foreign culture** broadened my cultural and intellectual horizons.

☞ exposure to ～「～に触れること・さらされること」はぜひとも使えるようになろう！ exposure to cultural diversity「文化的多様性に触れること」も重要。

6. 私は多くの困難を一緒に克服することによって、クラスメートとの親密な友情を築きました。	I developed a close friendship with my classmates by overcoming many difficulties together.

☞ develop friendship は foster[cultivate] friendship「友情を育む」と言い換え可能。

7. 困難に直面したときはいつでも、お互いに励まし合い、問題の解決策を見つけるために頑張りました。	Whenever we faced difficulties, we encouraged each other and worked hard to find solutions to the problems.

☞ work[hammer] out solutions「解決策を打ち出す」も覚えておこう！

8. 海外経験によって人間力が高まりました。	My overseas experiences have **developed my character**.

☞ develop one's character「人格を形成する」はぜひとも覚えておきたい重要フレーズ。

9. 最高の経験は、ケイトというカナダの女子学生と知り合ったことです。	**The best experience was** that I got to know a female student from Canada named Kate.

☞ get to know ～「～と知り合いになる」。この他 hit it off「意気投合する」もぜひとも覚えておきたいフレーズ。

10. 好きな余暇活動など、彼女との共通点が多いことに気づきました。	I realized **we had a lot in common**, including favorite leisure activities.

☞ have a lot in common「共通点が多い」。

11. じきに彼女が私のソウルメイトであることに気づきました。	I soon realized that she was my soul mate.

☞ a soul mate は「互いの気持ちや興味を理解し合って深い友情を築いている相手」のこと。

▶ TRACK 2

Q. What was a difficulty you have overcome in your life?
人生で乗り越えた大変だったことは何でしたか。

テンプレート④　乗り越えた試練の経験を述べる

A difficulty I have overcome in my life was an experience I had when ～.

（人生で克服した困難は～の時にした経験でした）

テンプレートを使って言ってみよう！

1. 人生で克服した困難は、私がアメリカで勉強した時に経験したさみしさとカルチャーショックでした。	**A difficulty I have overcome in my life was loneliness and a culture shock I had when** I studied in America.

☞ difficulty「困難」の他に hardship、adversity も覚えておこう！

2. 頼る人が少なかったので、日本の家族や友達と離れて1人暮らしをするのは大変でした。	It was difficult to live alone apart from my family and friends in Japan because I had few people to turn to.

☞ turn to ～ は「～に頼る」で、turn to him for advice[help]（彼に助言 [助け] を求めて頼る）のように使う。他に I had no one to fall back on.「頼れる人が誰もいなかった」も覚えておきたい。

3. 異なる文化を持つ人々と交流したことがなかったため、クラスメートと仲良くするのは困難でした。	It was difficult to get along with my classmates because I had never interacted with people from different cultures before.

☞ interact with ～「～と交流する」は必須表現なので覚えておこう！

▶ TRACK 3

Q. What was the most exciting event you've had recently?
最近起こった最もエキサイティングなイベントは何でしたか。

テンプレートを使って言ってみよう！

1. 最近の最もエキサイティングなイベントは、数週間前に開催された留学生のためのウェルカムパーティーでした。	**The most recent exciting event was** a welcome party for international students, which was held a couple of weeks ago.

☞ a welcome party「歓迎会」。この他 a farewell party「お別れ会」も会話では必須フレーズ！

2. それは彼らの到着を祝い、国内の学生に新しい学生と交流する機会を提供するために大学によって計画されました。	**It was organized by** the college to celebrate their arrival and provide domestic students with an opportunity to socialize with new students.

☞ be organized by ～「～によって計画される」と socialize with ～「～と交流する」は覚えておこう！

3. イベントでは、寿司、天ぷら、そばなど、様々なおいしい日本食を楽しみました。	At the event, we enjoyed a wide variety of delicious Japanese food including sushi, tempura and buckwheat noodles.

☞ a wide variety of ～「様々な種類の～」、buckwheat noodle「そば」は重要！

24

4. パーティーでは、日本の太鼓の演奏など、たくさんの素晴らしいエンターテインメントが行われました。	The party featured a lot of fantastic entertainment including Japanese drum performances.

☞ feature「呼び物にする」。他のバリエーションとして a captivating [mesmerizing] performance「素晴らしいパフォーマンス」も覚えておこう！

▶ TRACK 4

> **Q. What was a recent event that made you happy?**
> 幸せな気持ちになった最近の出来事は何でしたか。
>
> **Q. What was an exciting event you recently attended?**
> 最近楽しんだイベントは何でしたか。

1. 親友の1人であるユキの誕生日会でした。	It was a birthday party for one of my close friends called Yuki.
2. 2ヵ月前に東京の高級フレンチレストランで開催されました。	It was held two months ago at a posh French restaurant in Tokyo.

☞ posh「高級な」。この他に fancy「華麗な」、five-star「五つ星の」、exclusive「高級の」の表現も覚えておこう！

3. 10人がパーティーに出席し、素晴らしいワインを使った豪華なディナーで彼女の誕生日を祝いました。	Ten people attended the party to celebrate her birthday over a gorgeous dinner with excellent wine.

☞ この他に exquisite wine「格別なワイン」や sumptuous dinner「豪勢なディナー」もぜひ使えるようになろう！

4. 食事、雰囲気、提供されるサービスの質はすべて完璧でした。	The food, atmosphere and the quality of service provided were all perfect.

☞「完璧な」はこの他に impeccable「申し分ない」や superb「最高の」も必須フレーズ。

5. 古き良き時代、最近のニュースについて何時間も活発な会話がはずみました。	We had a lively conversation about **the good old days** and recent events for hours.

☞ the good old days「古き良き時代」。Give me the good old days. は「あの頃がなつかしいな」。

6. 私たちはお互いに遠く離れて住んでいたので、5年以上彼らに会っていませんでした。	I hadn't seen them for more than five years because **we lived far apart from each other.**

☞ live far apart from each other「互いに遠く離れて暮らす」は重要表現！

7. キャシーは結婚を発表し、その一方でジムはビジネスを立ち上げるためにシンガポールに引っ越すと言いました。	Cathy happily announced her upcoming marriage, while Jim said he was moving to Singapore to set up his own business.

☞ an upcoming book / event「近々出版される本／間もなくのイベント」、set up one's business「事業を立ち上げる」も使えるようになろう！

Q. What is a success you have had in your life?
あなたの成功体験を教えてください。

---

1. それは私のメンターであるステイシーの助けによる学問的成功でした。	**It was my academic success** through the help of my mentor named Stacey.

☞ academic success「学業の成功」

2. 彼女は広範囲におよぶ研究の仕方についての実践的なアドバイスをくれました。	She gave me practical advice on how to do extensive research for an assignment.

☞ do extensive research「広範囲にわたるリサーチをする」はぜひとも使えるようになろう！

3. 彼女は学業そして金銭的な負担による精神的なストレスの対処法についても教えてくれました。	She also taught me how to deal with mental stress from academic and financial pressure.

☞ stress from academic and financial pressure「学業と金銭的なプレッシャーからくるストレス」。他に impose a tremendous burden on ~「~に相当な負担を課す」も重要なので覚えておこう！

　いかがでしたか。次は人生哲学に関するトピックについて何でも話せるようにトレーニングをしましょう！

「人生哲学」スピーキング力UPトレーニング
My Philosophy of Life

　「人生哲学」とは普段聞き慣れないフレーズですが、実際は私たちの**日常生活と密接に関わっている**（**closely related to our everyday life**）テーマでもあります。**幸せの定義**（**the definition of our happiness**）のような大きなテーマから身近な事象まで、誰でも一度は抱いたことのある疑問を取り上げました。それらについて英語で話す力を身につけましょう！

▶ TRACK 6

Q. What makes you happy?

　あなたを幸せにするものは何ですか。

テンプレート⑤　幸せの条件を述べる

What makes me happy is X.

（私を幸せにするものは X です）

X is〔are〕very important to me.

（X は私にとってとても重要です）

　一般的なものとして、健康、家族、友人、自由、豊かさ、社会的成功、仕事のやりがい、趣味などがあり、次のような表現になります。

テンプレートを使って言ってみよう！

1. 健康、すなわち肉体的かつ精神的健康がとても重要です。	Good health, physical and mental well-being **are very important to me**.

☞ physical and mental well-being「肉体的かつ精神的健康」。「重要な」は言い換えで highly valuable、indispensable もぜひ使えるようになろう！

2. 素晴らしい家族や友人がいることは私に多大な安らぎと幸せを与えてくれます。	Having a wonderful family and friends **gives me tremendous comfort and happiness**.

☞ bring peace to me「安らぎをくれる」も使えるようになろう！

3. 好きなことができるという自由と人生の選択肢がたくさんあることが私の幸せには欠かせません。	Freedom to do what I like to do and make a wider range of choices in life are essential to my happiness.

☞ a wider range of choices「選択が幅広いこと」はぜひとも使えるようになろう！

4. 車や家を所有しているといった物質的豊かさは最高の気分にしてくれます。	Material wealth such as car and house ownership brings **emotional well-being**.

☞ material wealth「物質的な豊かさ」は material possessions にも言い換え可能。house ownership「家の所有」。また bring emotional well-being は「将来への不安がなく、ポジティブな気持ちにすること」で、make me very happy より格調高い表現。

5. 起業家としての社会的成功は私を幸せな気持ちにします。	Social success as an entrepreneur brings happiness to me.

☞ an entrepreneur の他に a professional athlete「プロのアスリート」、an accomplished artist「卓越したアーティスト」、a prominent scientist「著名な科学者」などもある。

6. 映画鑑賞やスポーツ、漫画を読むことのような楽しめる趣味は私にとって欠かせないものです。	Enjoyable hobbies such as watching movies, playing sports, reading comic books are **indispensable** to me.

☞ indispensable「不可欠な」。他に essential、vital などのバリエーションも使えるようになろう！

7. やりがいのある仕事による満足感は私をとても幸せな気持ちにします。	Job satisfaction from challenging work makes me really happy.

☞ challenging work「やりがいのある仕事」は他に a rewarding job、a fulfilling job にも言い換え可能。

▶ TRACK 7

Q. What kind of possessions show status to you?

どのような所有物がステータスを示すと思いますか。

1. 高級車や高級時計のようなぜいたくな物が一流のステータスを示すと思います。	Anything luxurious such as expensive cars and watches shows prestigious status to me.

☞ prestigious「一流の」は他に prestigious company「大手企業」のようにも使う重要単語。

2. ごくわずかな人しかそのような高級なものを所有することができません。	**Only a fraction of people** can own such high-end items.

☞ a fraction of「ごく少数の」はぜひとも覚えておきたいフレーズ！ high-end「高級な」は high-end customers「高級志向の客」のようにも使えるようになろう！

▶ TRACK 8

Q. Which do you think is more important, the process or the outcome?

過程か結果かどちらが重要ですか。

■ process が重要な場合

| 1. 目標を達成するための努力の過程は人格を形成し、忍耐力を養います。 | The process of hard work to achieve a goal develops character and perseverance. |

☞ develop (one's) character「人格を形成する」は必須フレーズ！

| 2. 努力することは精神的安定と健康につながります。 | The process of hard work contributes to emotional stability and well-being. |
| 3. プロセス重視の人間は不運や悪い結果でも簡単には落ち込みません。 | **Process-oriented** people are not easily discouraged by misfortune and bad results. |

☞ process-oriented「プロセス志向の」は process-centered にも言い換え可能。使えるようになろう。

| 4. 努力によっていろんな分野での能力が養われます。 | The process of working hard will develop your abilities in various fields. |

☞ develop one's abilities「能力を養う」

| 5. 努力は才能のある人間とそうでない人間のハンデをなくします。 | The process of hard work **levels the playing field** between talented and untalented people. |

☞ level (the) playing field「ハンデをなくす」はぜひとも覚えておきたいフレーズ！

| 6. プロセス主義では結果主義よりも人々は正直にふるまいやすいです。 | Process orientation is more likely to encourage people to behave honestly than **outcome orientation**. |

☞ process orientation「プロセス志向」↔ outcome orientation「結果志向」を覚えておこう。

7. 成功や失敗は自分でコントロールできない要素が多いので、失敗にひるむことなく、努力のプロセスをエンジョイするべきです。	As success or failure often involves many uncontrollable factors, you should enjoy the process of making efforts **without being discouraged by failures**.

☞ without being discouraged by failures「失敗にひるむことなく」はぜひとも覚えておきたい必須フレーズ！

■ outcome が重要な場合

1. 良い結果の方が努力よりもふつう高く評価されます。	Good results are usually more valued over hard work.

☞ この他 invest the time and effort「時間と労力を注ぎ込む」、put forth every ounce of energy「持てるエネルギーの全てを注ぎ込む」も使えるようになろう！

2. 良い結果は自己イメージを良くします。	Good results will enhance your self-image.

☞ 他に boost[enhance] one's self-esteem「自尊心を高める」も同じ意味で使われる。

3. 結果は学校や職場での業績の評価を簡単にします。	The result makes performance evaluation easier in schools and workplaces.

☞ performance evaluation[appraisal] で「業績評価」を覚えておこう！

4. 過程を重視すると、頑張っていることに満足してしまい、仕事の効率や生産性を過小評価してしまいます。	The process orientation will make people content with their hard work, undervaluing work efficiency and productivity.

☞ content with ～「～に満足する」、undervalue work efficiency「仕事の効率を過小評価する」は重要！

Q. Do you think that social progress is always good?

社会の進歩は常に良いことだと思いますか。

■ Yesの場合

1. 科学技術の進歩は経済発展において非常に重要な役割を果たしています。	Technological progress plays a very important role in boosting the economy.

☞ play an important role in ～「～において重要な役割を果たす」。その他、is an integral part of ～「～において欠かすことができない」も重要。boost the economy は「経済を発展させる」。

2. 経済的進歩がなければ、生活水準や福祉の向上もありません。	Without economic progress, we cannot **raise the standard of living** or **promote public welfare**.

☞ raise the standard of living「生活水準を高める」、promote public welfare「福祉を向上させる」は重要表現！

3. 社会経済発展の価値をいくら強調してもしすぎることはありません。	We cannot overemphasize the value of socioeconomic development.

☞ cannot overemphasize the value of ～「～の価値をいくら強調してもしすぎることはない」も必須表現！

Q. Do you think it is more important to learn new things now than it was in the past?

あなたは今のほうが新しいスキルを学ぶ重要性が高まっていると思いますか。

■ Yes の場合

1. 世界の変化が激しいため新しいスキルを学ぶことが重要になってきていると思います。	I think it is increasingly important to learn new skills as our world is changing more rapidly than ever before.

☞ 他に change at an alarming rate「目まぐるしく変化する」の表現もぜひ使えるようになろう！

2. これは、高まるグローバル化による継続的な技術革新によります。	This is due to **a continuous stream of technological innovations** with increasing globalization.

☞ continuous stream of ～「次々とくる～」はぜひ使いたい表現。technological innovation「技術革新」

3. 最新技術についていくためには、新しいことを学び続けるべきです。	In order to keep up with latest technologies, people should keep learning new things.

☞ keep [catch] up with ～ は「～についていく」。

4. ますますロボットに仕事を奪われるので、仕事を失わないために新しいスキルを習得すべきです。	As more and more robots replace human workers, people should **acquire new skills** to avoid losing their jobs.

☞ A replace B は「A が B に取って代わる」。acquire new skills「新しいスキルを身につける」

■ No の場合 1

1. 過去でも現在でも、新しいことを学ぶ重要性は変わらないと考えます。	I don't think there are differences in the importance of learning new things between the past and the present.

☞ between the past and the present「過去でも現在でも」

2. なぜなら新しいものが生まれ、世の中が変わっていくのは同じだからです。	This is because there have always been many innovations and changes in the society.

■ No の場合 2

1. 過去の方が新しいことを学ぶのはもっと重要だったと思います。	I think that learning new things was more **meaningful** in the past.

☞ be meaningful「意義がある」は have more significance にも言い換え可能。

2. なぜならば、人々はテクノロジーに頼らず、様々なことをしなければならなかったからです。	This is because people had to **perform a myriad of tasks** without the help of technology.

☞ a myriad of「数えきれないほどの」はぜひとも使えるようになろう！ 料理や漢字、外国語を覚えたりするのは、電子レンジやワープロ、AI翻訳などによって楽になったという背景がある。

> **Q. Do you think that money is more important than freedom?**
>
> お金は自由より重要だと思いますか。

■ Yes の場合

1. 経済的な安定なしでは人は心細く感じていつも将来の心配をしてしまいます。	Without financial security, people **feel vulnerable**, always worrying about their future.

☞ feel vulnerable「もろく感じる」は会話でよく使う重要フレーズ。

2. 我々は、ほとんどの問題がお金があれば解決できるような社会に住んでいます。	We live in a society where most problems can be solved by money.

☞ 他に live in a society where money talks「金がものを言う社会に住む」もぜひ使えるようになろう！

3. 人々は超高齢社会での年金制度に対して不安を抱いています。	People feel insecure and apprehensive about pension schemes in the superaged society.

☞ feel insecure and apprehensive about ～「～について不安である」、pension schemes「年金制度」は覚えておこう！

4. 長引く不況で低い給料で生きていくのに常に必死です。	People always struggle to survive with low salaries under the **prolonged recession**.

☞ prolonged recession「長引く不況」。「不況」は他に economic downturn、economic slump、sluggish economy も使えるようになろう！

5. 経済の低成長と非正規雇用の増大はまた、貯金の重要性を痛感させます。	The low-growth economy and increasing non-regular employment make people **keenly aware of the importance of saving**.

☞ non-regular employment「非正規雇用」、keenly aware of the importance of ～「～の重要性を痛感する」も覚えておこう！

| 6. 不況時は、特に自由より家族の経済的な安定に価値を置きます。 | People value the financial stability of their family over their freedom especially during recession. |

☞ value A over B は「B より A に価値を置く」。

▶ TRACK 12

Q. Do you think hard work always pays off? (Do you think luck has nothing to do with success?)

努力は必ず報われると思いますか。（運は成功とは無関係だと思いますか）

テンプレート⑥　条件を述べる

You will not become successful if you ～ not ...

（もし…ないなら、成功しないでしょう）

テンプレートを使って言ってみよう！

■ No の場合1

| 時代のニーズに合わなければ成功しない可能性が高いです。 | **You will not become successful if you don't** meet the needs of the times. |

☞ meet the needs of the times「時代のニーズに合う」。他に live up to expectations「期待に添う」も重要なので覚えておこう！

■ No の場合2

| 残念ながら、応援してくれる人がいなければ成功しません。 | Unfortunately, **you will not become successful if you don't** get any supporters. |

☞「頼れる人」は他に someone who sticks by you や someone you can fall back on とも言い換え可能。

37

■ No の場合 3

全く才能がなければ努力しても成功しません。	You will not become successful if you aren't talented at all.

☞「才能がある」は have what it takes、have a good aptitude、have a natural gift も覚えておこう！

■ No の場合 4

同じ努力をし、同じ能力をもってしても運次第で出来栄えが異なります。	Performance varies with luck even when you make the same efforts and have the same ability.

☞ vary は「異なる」。

▶ TRACK 13

Q. What is your plan for the future?

将来のプランは何ですか。

テンプレート⑦　将来のプランを述べる

I'm planning to V.

（V することを計画中です）

■ 留学の場合

テンプレートを使って言ってみよう！

1. 自由自在に英語を使えるようになるため、カナダ留学を計画中です。	I'm planning to study abroad in Canada to acquire a good command of English.

☞ a good command of English「英語を自由自在に使える能力」は必須フレーズ！

2. 英語の習得は就職に有利で私のキャリアの成功には欠かすことができません。	**English acquisition** is a highly **marketable skill** and crucial to success in my career.

☞ English acquisition「英語の習得」。marketable skill「就職に有利なスキル」
はぜひとも覚えておこう！

テンプレートを使って言ってみよう！

3. 私は文化的な視野を広げるために、留学を計画しています。	**I'm planning to** study overseas to broaden my cultural horizons.

☞ broaden one's cultural horizons「文化的視野を広くする」は必須フレーズ！

4. 海外の人との異文化交流は国際的な視野を育んでくれます。	Cross-cultural interactions with people from abroad will help me **cultivate a global perspective**.

☞ cross-cultural interactions「異文化交流」はぜひとも使えるようになろう！
cultivate a global perspective「国際的な視野を育む」も重要フレーズ！
global perspective は worldwide standpoint、global point of view、
international viewpoint に言い換え可能。

■ スキル習得の場合
テンプレートを使って言ってみよう！

1. 就職のチャンスを増やすためにプログラミングスキルの習得を計画中です。	**I'm planning to** acquire computer programing skills to increase my job opportunities.

☞ have extensive knowledge「幅広い知識を持つ」も覚えておこう。

2. プログラミングは大いに求められているスキルで、他の応募者に対して有利になります。	Computer programing skills, which are very much in demand, will **give me a competitive edge over other applicants**.

☞ be very much in demand は「大いに求められている」で、be sought-after
と言い換え可能。give A a competitive edge over B「B より A を優位に立たせる」はぜひとも使えるようになろう！

■ 起業する場合

テンプレートを使って言ってみよう！

1. 起業家として成功できるように、自分の会社の創業を計画しています。	**I'm planning to** set up my own company so that I can become a successful entrepreneur.

☞ set up one's own company で「自分の会社を起業する」。entrepreneur は「起業家、アントレ」。

2. 上司にこき使われることなく、自分の会社を経営することが私の夢です。	It is my dream to run my own company **without being pushed around** by supervisors.

☞ be pushed around by 〜「〜にこき使われる」は重要フレーズ。この他に be bound by rules「規則に縛られる」もぜひ覚えておきたい表現。

▶ TRACK 14

Q. How does your family feel about your future plans?
あなたの家族は将来のプランについてどう思っていますか。

1. 両親は私の可能性を信じてくれていて、精神的に支えてくれています。	My parents **believe in my potential** and always give me **moral support**.

☞ believe in one's potential「うまくいくと可能性を信じる」は重要フレーズ！ moral support「心の支え」も使えるようになろう。

2. 母は理解を示して応援してくれていますが、父はいつも私の計画には否定的です。	My mother is understanding and supportive, but my father is always negative about my plans for the future.

☞ understanding and supportive「思いやりがあり、協力的な」も覚えておこう。

Q. What problems do you think you may have in carrying out your plans?

あなたの計画を実行するにはどのような問題に直面すると思いますか。

キャリアプランの達成において、経済的な苦境に立つことを心配しています。	I'm worried about financial difficulty in achieving my career plans.

☞ financial difficulty [predicament] は「経済的な苦境」。その他 fall into financial dire straits「経済苦境に陥る」も必須フレーズ！

Q. Do you usually ask people for some advice when you're faced with difficulty?

困難に直面した際にアドバイスを求めますか。

■ Yesの場合

1. 他の人からの良いアドバイスは問題を解決し効率的に困難を克服するのを助けてくれます。	Advice from other people can help me **work out problems** and overcome hardship more effectively.

☞ work out problems「問題を解決する」。この他 get over [ride out] hardship「困難を克服する」も使えるようになろう！

2. 他の人は物事を自分とは違う角度で見ていて経験に基づいた実践的なアドバイスをくれます。	Other people look at things from different perspectives and can give me practical advice based on their own experience.

☞ practical advice「実践的なアドバイス」は必須フレーズ。

3. 私の友人は役立つアドバイスや精神的サポートをくれ、危機に陥ったときには助けてくれます。	My friends give me useful advice and **moral support**, and always help me in a crisis.

☞ moral support「精神的な励まし」は最重要！

■ No の場合

1. いつもは人にアドバイスを求めません。なぜなら経験は人によって異なるからです。	I don't usually **turn to other people** for advice because every person's experiences are different.

☞ turn to ～「～にアドバイスを求める」はぜひとも使えるようになろう！

2. 彼らは私に共感してくれますが、だからといって私に適切なアドバイスをくれるとは限りません。	They may **empathize with me** but that doesn't necessarily mean they can always give me proper advice.

☞ empathize with ～「～に共感する」はぜひ使えるようになりたい重要フレーズ！

▶ TRACK 17

Q. What would you like to have[own] in the future?
将来、手に入れたいものは何ですか。

■ 家の場合

1. 自分の好みやニーズに適した、広くて設備の整った家を持ちたいと思っています。	I want to have a spacious, well-equipped house that suits my taste and needs.

☞ spacious「広い」。well-equipped は「設備の整った」という重要表現！ suit one's taste で「自分の好みに合致する」。

2. 家を所有することは大きな安心感と安らぎを与えてくれます。	Home ownership gives me **a great sense of security** and comfort.

☞ a great sense of security「大きな安心感」

■ 家族の場合

1. 私は良いパートナーに出会い、結婚して素晴らしい家庭を築きたいです。	I want to find a soul mate, **tie the knot**, and have a wonderful family.

☞ soul mate「良きパートナー」。tie the knot「結婚する」は必須表現。他に settle down「結婚する」も覚えておこう。

2. 配偶者や子供たちと良い関係を築くことで大きな喜びや幸せを感じることができます。	I can **derive great joy and happiness from** having good relationships with my spouse and kids.

☞ derive「得る」は他に derive lots of satisfaction from ～「～から大きな満足感を得る」のようにも表現可能。

■ 仕事の場合

1. 私はやりがいがあり安定した収入をもたらす仕事がしたいです。	I want a job that gives me a sense of accomplishment and a stable income.

☞ a stable income「安定した収入」。a sense of accomplishment「やりがい」、a rewarding job「やりがいのある仕事」という表現も重要！ 他に provide financial security「経済的な安定をもたらす」のようにも表現できる。

2. 仕事で満ち足りていると、精神的成長と幸福感へ導いてくれます。	A sense of fulfillment in work contributes to **my spiritual growth and well-being**.

☞ a sense of fulfillment in work「仕事の達成感」、spiritual well-being「精神的な安定」も必須フレーズ！

3. 仕事の安定は趣味を楽しむ機会をもっと与えてくれます。	**Job security** gives me more opportunities to enjoy my hobbies.

☞ job security「仕事の安定」

4. 経済的に安定していると、家族に病気やトラブルがあったときに、助けることができます。	Financial security allows me to help my family when they are sick or in trouble.

☞ X allows me to *do* で「X のおかげで私は〜できる」は最重要！

TRACK 18

Q. Do you want to become famous?
あなたは有名になりたいですか。

■ Yes の場合の理由

1. 豪華に生活して旅行ができるくらいお金持ちになれます。	You can become rich enough to live and travel **in style**.

☞ in style「(旅行・食事などが) 豪勢に」はぜひとも使えるようになろう！

2. このことが有名人であることの最大の利点です。	That is definitely **the greatest advantage** of being a celebrity.

☞ advantage「利点」は benefit にも言い換え可能。

3. どこに行っても、特にファンからの素晴らしい待遇を受けます。	You will receive special treatment especially from supporting fans, wherever you go.

☞ supporting fans「熱心なファン」はバリエーションとして ardent fans「長期的に応援してくれるファン」、avid fans「一時的に熱心なファン」も使えるようになろう！

4. 社会的容認や認知が、生まれながらの欲求を満たします。	You can satisfy **your inherent desire** for social approval and recognition.

☞ an inherent desire「生まれながらの欲」。「満たす」は satisfy、fulfill、meet、live up to もバリエーションとして使えるようになろう！

| 5. 自分のイメージを高めながら、自分にもっと自信を持てます。 | You feel more confident about yourself and enhance your self-image. |

☞ enhance one's self-image「自分のイメージを高める」はぜひ覚えておこう！

| 6. これらの利点により、私は有名になりたいです。 | Because of these benefits, I want to become a famous person. |

＊このような「締めの言葉」を使おう。

■ Noの場合の理由

| 1. プライバシーや個人の自由の侵害など、名声の代償を払わなければなりません。 | You will have to **pay the price of fame** such as the invasion of privacy and personal freedom. |

☞ pay the price of fame「有名税の代償を支払う」。invasion of privacy「プライバシーの侵害」はぜひとも覚えておこう！

| 2. パパラッチやストーカーからの執拗な追求に悩まされるかもしれません。 | You may suffer from **a relentless pursuit** from paparazzi and stalkers. |

☞ a relentless pursuit「執拗な追跡」は重要フレーズ！ relentless は他に relentless attack[criticism]「執拗な攻撃」が重要フレーズ。

▶ TRACK 19

Q. Do you think you have changed for the better as you got older?

年齢を重ねるにつれてあなたは良い方に変わったと思いますか。

■ Yesの場合

| 1. 他人の欠点に対して懐が深くなり、異なるものの見方により心が広くなってきました。 | I have **become more tolerant of** other people's shortcomings, and more open-minded about different perspectives. |

☞ be tolerant of ~ は「~に対して寛容である（懐が深い）」、be open-minded about ~ は「~について心が広い」。

2. 私は前より人の意見に親身に なって耳を傾け、今では他の人 の気持ちとのつながりを感じる ことができます。	I have become a more empathetic listener and now can **relate to** other people's feelings.

☞ an empathetic listener は「親身になって人の意見に耳を傾ける人」。relate to
　〜は「〜と考え方などを共有する」。

3. 人生の経験値が上がり、もっ と人を見る目ができました。	Now I'm more experienced in life and I'm a good judge of people.

☞ a good judge of people「(本性・能力を見抜くなど) 人を見る目があること」
　は重要なイディオム！

■ No の場合

1. 私は以前よりも慎重で、リス クを冒したくありません。	I'm more cautious and unwilling to take a risk than I used to be.

☞ be cautious「慎重である」、take a risk「リスクを冒す」も重要！

2. 認知能力が低下したため、物 覚えが悪くなりました。	I have become a slow learner because of **a decline in my cognitive ability**.

☞ a slow learner は「物覚えが悪い人」。decline in one's cognitive ability「認
　知能力の低下」

3. 私は柔軟性がなく頑固にな り、態度や計画を変えたくあり ません。	I have become inflexible and obstinate and unwilling to change my attitudes and plans.

☞「頑固な」は inflexible や obstinate を使えるようになろう。be unwilling to
　change one's attitudes and plans「態度や計画を変えたくない」

What is your favorite proverb?
（あなたの好きな格言・名言は？）

人生や哲学の話題になったときに、格言や名言を引用すると、ぐっと知的な印象を与えます。あなたのお気に入りの格言を見つけてください。

1. **All our dreams can come true, if we have the courage to pursue them.**

   私たちが夢を追いかける勇気があれば、私たちの夢は実現することができます。（ウォルト・ディズニー）

2. **Impossible is the word found only in a fool's dictionary. Wise people create opportunities for themselves and make everything possible.**

   不可能とは、愚か者の辞書にしか見られない単語である。賢明な人々は自分たちのために機会を作り、すべてを可能にする。（ナポレオン）

3. **Genius is one percent inspiration and ninety-nine percent perspiration. I have not failed. I've just found 10,000 ways that won't work.**

   天才は1パーセントのインスピレーションと99パーセントの汗である。私は失敗していません。うまくいかない方法を10,000個見つけました。（トーマス・エジソン）

4. **In the long run, the sharpest weapon of all is a kind and gentle spirit.**

   長い目で見れば、最も鋭い武器は親切で優しい精神です。（アンネ・フランク）

5. Live as if you were to die tomorrow. Learn as if you were to live forever. / Where there is love, there is life.

明日死ぬかのように生きなさい。あなたが永遠に生きるかのように学びなさい。／愛がある所に人生はある。（マハトマ・ガンジー）

6. Peace begins with a smile.

平和は笑顔から始まります。（マザー・テレサ）

7. Remember that not getting what you want is sometimes a wonderful stroke of luck.

あなたが望むものを手に入れられないことは時々素晴らしい運の巡りあわせであることを忘れないでください。（ダライ・ラマ）

8. The two most important days in your life are the day you are born and the day you find out why.

人生で最も重要な2つの日は、生まれた日とその理由を見つけた日です。（マーク・トウェイン）

Chapter 2

「学校・学業」
スピーキング力 UP トレーニング

「学業」に関する質問では、まず Are you a student?（学生ですか）と聞かれ、その後に、出身校について、教わった先生の良かった（悪かった）点、好きな（嫌いな）科目、専攻の理由などの関連質問がなされることが非常に多いです。本章では、まず、学生の自己紹介で必ず使えるテンプレートを紹介し、先生の魅力を述べるテンプレート、自分が受けた刺激・影響を述べるテンプレート、専攻動機を述べるテンプレート、苦手な科目を述べるテンプレートなどを使って、学生時代の自分のことを何でも言えるようにトレーニングしていきます。その後、学校・教育にまつわる自分の意見を言えるようにトレーニングを進めます。

では、まずこの質問からです。自己紹介も兼ねて、答えてみましょう。

▶ TRACK 20

Q. Are you a student?

学生ですか。

テンプレート①　学校・専攻を述べる

I am a X-year student at Y. My major is Z.
（Y 大学［高校］の X 年生で、専攻は Z です）

このテンプレートを使って、例えば、次のように言えます。
I am a third-year student at XXX university. My major is elementary school education［cultural anthropology］.
（私は XXX 大学の 3 年生です。私の専攻は初等教育［文化人類学］です）

専攻に関しては、computer science、physics（物理学）、chemistry（化学）、astronomy（天文学）、psychology（心理学）、business administration（経営学）、journalism、law、political science（政治学）のように学問分野がいくらでもありますが、英語で言えるようにしておきましょう。通常 major in 〜（〜を専攻する）は大学、specialize in 〜 は大学院での専攻を指します。また、名詞として My〈major / specialty〉is 専攻科目. とすることも可能です。

　この質問に関しては、専攻とセットで答えられるようにしておきましょう。でなければ、次に What are you studying at high school or university?（学校で何を学んでいるのですか）という質問がきますが、Are you a student? と聞かれて、Yes, I am a student. と答えるのは、異文化間コミュニケーションとしてはぶっきらぼうなので、国際人として、せめて専攻くらいまでは述べることを習慣づけましょう。

　この後の主な質問展開は次のようなものです。

1. **Tell me a little bit about the school you attended.**
（通っていた学校について少し教えてください）

2. **What made you choose your major?**
（専攻理由は何ですか）

3. **What subjects have you learned?**
（どんな学科を学びましたか）

4. **What is[was] your favorite subject in school[high school / college]?**
（学校［高校・大学］で好きな科目は何ですか［何でしたか］）
What subject didn't you like in school[high school / college]?
（学校［高校・大学］で嫌いな科目は何でしたか）

5. **What have you learned from your schoolwork?**
（学業から学んだことは何ですか）

6. **Do you prefer to study individually or in a group?**
（1人で勉強したいですか、グループでしたいですか）

　では、学校関連の質問に答えるトレーニングをしてまいりましょう！

1

「学校紹介・尊敬する先生・専攻科目」スピーキング力UPトレーニング
The Characteristics of My Alma Maters, Teachers and Majors

学校のトピックについての会話では、**自分の母校（my alma maters）**や**尊敬する先生（teachers I respect）**の特徴について話したり、**専攻科目（my majors）**とその動機について話し合ったりすることが多いです。そこで、それらについて自分の意見を論理的にまとめて発信できるようにトレーニングしていきましょう。

▶ TRACK 21

> **Q. Tell me a little bit about the school you attended.**
> 通っていた学校について少し教えてください。

現在通っている学校（the school you attend［go to］）の場合もあります。質問に対する答えのテンプレートは次の2つです。

テンプレート②　母校を紹介する

> **The X（学校）I graduated from ＋ 時 ＋ was one of the best［most］＋ 形容詞 ＋ 学校 in Y（場所）, Z（学校名）**
> （私が〜に卒業したXはYで最も〜な学校の1つ、Zでした）

現在通っている学校の場合は、is で答えます。「学校」には high school や college を入れ、「時」は ten years ago のように時期を述べます。次に、「形容詞」は one of the best［the most］prestigious（名門の）、the most competitive［selective］（競争率の高い）などが入ります。「場所」には hometown、Japan、world などが入り、次のように言えます。

テンプレートを使って言ってみよう！

私が数年前に卒業した大学は、日本で最も競争率の高い大学の1つ早稲田大学でした。	**The college I graduated from** several years ago **was one of the most** competitive universities **in** Japan, Waseda University.

次に、もう1つのテンプレートを紹介します。

テンプレート③　有名な理由を述べる

> **It was famous for its X, Y, and Z.**
> （それは X、Y、Z で有名でした）

famous は very famous、internationally famous（国際的に有名）、world-famous（世界的に有名）、locally famous（地元で有名）などのバリエーションがあります。famous for は理由を述べる言い方ですが、次のようにだいたい3つぐらいは述べるようにしましょう。

テンプレートを使って言ってみよう！

それは非常に効果的な教育プログラム、優れた教授陣、最先端のキャンパス施設で有名でした。	**It was famous for its** very effective educational programs, outstanding faculty, and state-of-the-art campus facilities.

☞ state-of-the-art は「最新の」という意味で、highly advanced、revolutionary、innovative ということもできる。

このように、いい点を3つ述べることができれば、What did you like about your secondary[high] school? といった質問にも答えることができます。また、この質問は次のような質問にも発展します。

> **Q. Who was your favorite teacher?**
>
> 好きな先生は誰でしたか。

　この質問にも次の3つのテンプレートを使って答えられるようにしておきましょう。

テンプレート④　先生を紹介する

> **The best teacher was my X（科目）teacher in Y（学校）named Z.**
>
> （一番良かった先生は、Yの時のZという名前のXの先生でした）

　先生を紹介するテンプレートです。教えている科目や学校、最後にnamed Zで名前を述べます。

テンプレートを使って言ってみよう！

一番良かった先生は、ウィリアムズ先生という高校の英語の先生でした。	**The best teacher was my** English **teacher in** high school **named** Mr. Williams.

テンプレート⑤　先生の魅力を述べる

> **He[She] was very X（形容詞3つ）.**
>
> （彼［彼女］は非常にXでした）

　【魅力を述べる】テンプレートです。形容詞をリズミカルに3つ並べると、効果的です！　先生の場合は、だいたいsupportiveやenthusiastic（about teaching）、inspiringそしてunderstandingが魅力なので、次のように言う

ことができます。

テンプレートを使って言ってみよう！

先生は協力的で、熱心で、理解を示してくれました。	**He was very** supportive, enthusiastic, **and** understanding.

☞ supportive は、助けてくれたり激励してくれたり「面倒見のいい」という意味の必須表現。understanding は「なんでも理解してくれたり許してくれたりして「包容力がある」の意味。

テンプレート⑥　困ったとき

> **Whenever I had trouble, SV.**
> （困ったときはいつも…してくれました）

このテンプレートもさっそく使ってみましょう。

テンプレートを使って言ってみよう！

困ったときはいつも指導や激励をしてくれ、授業についていけるように助けてくれました。	**Whenever I had trouble**, he gave me guidance and encouragement, and helped me catch up with classes.

また、逆に学校（生活）のネガティブな面を問う次のような質問にも対応できるようにしておきましょう。

▶ TRACK 23

Q. Tell me about anything you didn't like at your school?
　学生時代に嫌だったことは何ですか。

Q. How do you think your school could be improved?
　あなたの学校の改善点はありますか。

前者は「よくいじめにあった」（often became the target of bullying）とも言えますが、この2つの質問に共通した答え方としては、次のように学校の教育システムが不満であったと言う方向で述べるのがベターです。

テンプレート⑦　気に入らなかった点を述べる

What I didn't like about the school was its X.

（私が学校で気に入らなかったのは、X でした）

テンプレート⑧　学校の特徴と具体例を述べる

The school had A including B.

（学校には B のような A がありました）

「A（大きなカテゴリー）including B（具体例）」は、【例示】を述べるテンプレートです。B の具体例を含む大きなカテゴリー名をきっちりと合わせることが必要です。例えば、musical instruments including strings（弦楽器を含む楽器）、strict rules including curfews（外出禁止令のような厳しい規則）のように、A と B のカテゴリーをぴったり合わせましょう！

テンプレートを使って言ってみよう！

1. 私がこの学校で気に入らなかったのは、厳格で試験中心の教育システムでした。	**What I didn't like about the school was its** rigid and exam-centric educational system.

☞ exam-centric は「試験中心の」という意味で、exam-centered、exam-based ともいえる。

2. 学校には、制服を含め、生徒が従うべき厳格な教師と規則がありました。	**The school had** strict teachers and rules for students to follow, **including** school uniforms.

☞【例示】のテンプレート、A including B「B を含む A」を使う！

3. また、厳格な学習基準と学生への高い期待があり、成績を重要視していました。	It also had rigorous learning standards and high expectations for students, emphasizing the importance of grades.
4. 教室の個性と創造性を阻害する学校の柔軟性のなさが嫌いでした。	I didn't like the rigidity of the school that stifles individuality and creativity in the classroom.

☞ rigidity of the school「学校の柔軟性のなさ」、stifle individuality and creativity「個性と創造性を阻害する」は重要表現！

この場合でも、最初に嫌いなところを言って、最後にもう一度、I didn't like the rigidity of the school...とまとめている点が重要です。

次に専攻の動機に関する質問に対しては、次の 3 つのテンプレートをぜひ使えるようにしましょう。

テンプレート⑨　専攻動機を述べる

Because I want to become X（人物職業）, which has been my long-cherished[held] dream since I was a Y（世代）.
（Y の頃からずっと夢見てきた X になりたいからです）

X のところには、doctor、scientist、engineer、entrepreneur、lawyer、college professor、writer、journalist と、「なりたい職業」を変えて使え、Y のところには、child、high school student、college student、teenager と変えて使える便利なひな形です。

> **I was greatly influenced and inspired by X（人物職業）in(at) Y（場所）, who was very＋Z（形容詞2つ以上）.**
> （YのとてもZなXに多大な影響と刺激を受けました）

　自分が受けた【影響・刺激】を述べるテンプレートです。Xのところには「職業の人物」を入れます。例えば、doctorなら **cardiologist**（心臓専門医）のように分野を述べたりします。Yには **my home town**、**high school**、**college** のような場所を入れ、Zには **open-minded**（包容力のある）、**hard-working**［**persevering**］（努力家の［根性のある］）、**aspiring**［**enterprising**］（向上心のある）のような、よい意味の形容詞を2つ以上使います。ここでは人物表現力がものを言います。

> **That is why I want to follow his［her］example, and I want to become X（人物職業）by studying Y（学問分野）.**
> （だから私は彼（女）を見習って、Yを学び、Xになりたいのです）

　そして最後に、Xにもう一度職業を入れたテンプレートで話を締めくくります。この3つを詰まらず流暢に言えれば英語の達人に聞こえます。では、これらのテンプレートを使って、例文練習をしてみましょう。

Q. What made you choose your major?

専攻を決めた理由は何ですか。

テンプレートを使って言ってみよう！

1. 子供の頃からずっと夢見てきた小学校の先生になりたいからです。	**Because I want to become** an elementary school teacher, **which has been my long-cherished dream since I was a** child.

☞ long-cherished は、My long-cherished dream has finally come true. 「私の長年の夢がついにかなった」のように使える。
専攻動機のテンプレート Because I want to become X（人物職業）, which has been my long-cherished[held] dream since I was a Y（世代）.を使う！

テンプレートを使って言ってみよう！

2. とても協力的で、熱心で、理解のある故郷の先生に多大な影響と刺激を受けました。	**I was greatly influenced and inspired by** a teacher **in** my home town, **who was very** supportive, enthusiastic, and understanding.

☞ influence は「考え方や行動に影響を与える」ことで、inspire は「自信を与えたり、やる気を起こさせたりする」こと。

テンプレートを使って言ってみよう！

3. だから私は彼女を見習って、初等教育を学び、小学校の先生になりたいのです。	**That is why I want to follow her example, and I want to become** a primary school teacher **by studying** primary school education.

☞ follow といえば、他に follow in one's footsteps「〜（人）と同じ道を歩む、志を受け継ぐ」も重要表現！

■ 医師の場合 (専攻は medical science)

テンプレートを使って言ってみよう！

1. 子供の頃からずっと夢見てきた医師になりたいからです。	**Because I want to become** a medical doctor, **which has been my long-cherished dream since I was a** child.
2. とても勘が鋭く、優しく、親身になってくれる東京の外科医に多大な影響や刺激を受けました。	**I was greatly influenced and inspired by** a surgeon **in** Tokyo, **who was very** perceptive, caring, and empathetic.
3. だから私は彼女を見習って、医学を学び、医師になりたいのです。	**That is why I want to follow her example, and I want to become** a doctor **by learning** medical science.

☞ follow one's example は「（人を）手本にして見習う」という意味の必須表現。
他に emulate「尊敬しているので見習う」も覚えておこう。

■ 会社経営者の場合 (専攻は business administration)

テンプレートを使って言ってみよう！

1. 子供の頃からずっと夢見てきたアントレ（会社経営者）になりたいからです。	**Because I want to become** an entrepreneur, **which has been my long-cherished dream since I was a** child.
2. とてもエネルギッシュで、野心的でカリスマ性がある大阪の経営者に多大な影響と刺激を受けました。	**I was greatly influenced and inspired by** a company president in Osaka, **who was very** energetic, aspiring, and charismatic.
3. だから私は彼を見習って、経営学を学び、会社を経営したいのです。	**That is why I want to follow his example, and I want to become** an entrepreneur **by studying** business administration.

☞ charismatic とは「自然に人を引きつけたり、尊敬される」ことで、「人間的魅力」は personal magnetism という。

テンプレートを使って言ってみよう！

1. 中学生の頃からずっと夢見てきた数学者になりたいからです。	**Because I want to become** a mathematician, **which has been my long-cherished dream since I was a** junior high school student.
2. とても論理的で無駄がなく、問題解決力が高い中学のときの数学の先生に多大な影響と刺激を受けました。	**I was greatly influenced and inspired by** a math teacher at my junior high school, **who was very** rational, efficient, and resourceful.
3. だから私は彼を見習って、数学を学び、数学者になりたいのです。	**That is why I want to follow his example, and I want to become** a mathematician **by studying** mathematics.

☞ rational（＝having or exercising reason, sound judgment, or good sense）は「判断力がある」に近い語で、efficient（＝able to perform best in a well-organized way with minimum waste of time and effort）は「合理的・有能な」に近い語で、resourceful（＝able to find quick and clever ways to overcome difficulties）は「問題解決力が高い」に近い語。どれも人物ややり方を表す重要表現。

好きな科目や嫌いな科目についても聞かれることが多いので、難しい方の嫌いな科目で練習してみましょう。

▶ TRACK 25

Q. What subject didn't you like in school?

　学生時代に嫌いな科目は何でしたか。

この場合も、テンプレートは次のパターンです。

> **My least favorite subject was X（科目）because I had 〜.**
>
> （一番嫌いな科目は X でしたが、それは〜だったからです）

まずは科目を述べてから、理由のポイントを述べます。

■ 数学の場合

テンプレートを使って言ってみよう！

私は数字と論理的推論が苦手だったので、数学が一番嫌いでした。	**My least favorite subject was** mathematics **because I had** a poor head for figures and logical reasoning.

☞ because の前までは Mathematics was my least favorite subject ともいえる。ただし、反対に「一番好きな科目」を言いたい場合、my most favorite subject とすると、favorite を強調しているだけで、「一番」という意味がわかりにくいので、the subject I like best がベター！ have a poor head for 〜 は「〜が苦手である」という意味の表現で、「数字に弱い」場合は figures をつける。

■ 体育の場合

テンプレートを使って言ってみよう！

運動神経が鈍く、バランス感覚が悪かったために体育が一番嫌いでした。	**My least favorite subject was** physical education **because I had** slow reflexes and poor coordination.

☞ have slow reflexes は「運動神経が鈍い」（反対は slow の代わりに good を使う）、have poor coordination は「バランス感覚が悪い」（反対は poor の代わりに good）。また「体力不足である」は have low physical strength といえる。

次に、その科目で苦しんでいた状態を述べるテンプレートです。

テンプレート⑬　四苦八苦状態を述べる

> **I always struggled[was always struggling] to 動詞[with ＋名詞].**
>
> （いつも～するのに四苦八苦していました）

テンプレートを使って言ってみよう！

1. いつも数学の問題で四苦八苦していました。	**I always struggled with** math problems.

☞ struggle with ～ は「（困難などに）取り組む、苦労する」で、struggle with a feeling of emptiness「空虚感と闘う（空虚感に苦しむ）」となる。

テンプレートを使って言ってみよう！

2. いつも球技［マラソン］で四苦八苦していました。	**I was always struggling to** play ball games [run a marathon].

☞ struggle to ～ は「必死で～しようとする」で、struggle to find a job「必死で仕事を探す」のように使える。

最後に、「だから～が嫌いになりました」ともう一度繰り返します。

テンプレート⑭　締めの言葉

> **That's why I hated[didn't like / had an aversion to] X.**
>
> （だから X が嫌いになったのです）

テンプレート⑫の「嫌い」の表現を上のように言い換えて、締めの言葉にして戻します。この３つを流暢に言えれば英語が達人に聞こえます。

ちなみに科目に関するトピックは、

Q. What subject do you think is the most important for children [high school students] to study?（子供［高校生］にとって最も重要な科

目は何ですか）という質問にも発展するかもしれませんので、「英語」であれ「歴史」であれ「数学」であれ、その意義を言えるようにしておきましょう。
　さて、次に起こりうる質問は以下のタイプです。

▶ TRACK 26

Q. What have you learned from your schoolwork?

学業から学んだことは何ですか。

これに対しては次のように言えます。

自己規律、チームワーク、批判的思考能力（の重要性）を学びました。	I've learned (the importance of) self-discipline, team work, and critical thinking ability.

☞ the importance [value] をつけると頭で重要性を実感しただけで、体得していないので弱くなる。self-discipline は grit や perseverance「根性」、team work は a team spirit や social [people] skills「対人処理能力」、critical thinking ability は logical thinking ability または reasoning ability などで言い換えることができる。この他、problem-solving ability「問題解決能力」、empathy「共感力」などもつけ加えることができる。

では次の質問に答えてみましょう。

▶ TRACK 27

Q. Which do you like better, studying individually or in a group?

勉強は 1 人でするのとグループでするのとどちらが好きですか。

■ グループ学習の場合

1. 第 1 に、他の学生とアイデアや情報を交換することで、より効果的に勉強することができます。	Firstly, I can study more effectively through exchange of ideas and information with other students.

2. 第 2 に、協力的かつ競争的な勉強は、私の学業へのモチベーションを高めます。	Secondly, cooperative and competitive study will stimulate my motivation for schoolwork.
3. 第 3 に、グループ研究は私のチームスピリットと対人スキルを発達させます。	Thirdly, group study will develop my team spirit and interpersonal skills.
4. インタラクティブな努力は、協力精神と共感力を高めます。	Interactive endeavors will build a sense of cooperation and empathy.
5. この経験は、私が実社会に出るときに有益です。	This experience will be beneficial for me when I go into the real world.

☞ stimulate one's motivation for ~ 「~へのモチベーションを高める」。 interactive endeavor とは「話し合ったり、影響を与え合ったりして共に学んでいくこと」。2 つともぜひ覚えておこう！

　理由は 3 つ考えられ、3 番目の理由（3-4）は言い換えています。そして締めの言葉を最後に加えます。これに対して 1 人で勉強する場合は次のようになります。

■ 1 人で勉強する場合

気が散らず自分のペースで勉強でき、個性と独立した思考を伸ばせるので、個人で勉強するのが好きです。	I prefer to study individually because it allows me to study at my own pace without distraction and I can develop individuality and independent thinking.

☞ develop individuality and independent thinking で「個性を伸ばす」のニュアンスがより出る。

2 「教育方法」スピーキング力UPトレーニング
Educational Methods

　学校・教育関連では、日本の**教育方法（educational methods）**の変遷や、**学問の意義（the value of learning）**、**理想の学習法（ideal study methods）**、大学進学前の**ギャップイヤー制度（the Gap Year system）**、**生涯教育（lifelong learning）**、**語学教育のあり方（foreign language education）**など多岐にわたる話題が展開されます。これらのトピックについて、日本の現状と自分の意見を即座に発信できるようにトレーニングをしましょう！

　教育関連でよく聞かれる質問としては次のようなものがあります。

Q. How are education priorities today different from those in the past?
今日の教育の優先順位は、過去の優先順位とどのように異なりますか。

Q. What is your opinion on the way foreign languages are taught in schools?
学校での外国語の教え方についてどう思いますか。

Q. How can the type of school you go to affect your career success?
どのような学校に行くかによって、キャリアの成功にどのような影響があるのでしょうか。

Q. Which do you think is better, class based on lectures or class based on discussions and presentations?
レクチャー型のクラスと生徒参加型クラスのどちらがいいと思いますか。

Q. Do you think that it is beneficial for elderly people to attend college or university?
大学で勉強することはシニアにとって良いことだと思いますか。

Q. Should young people be encouraged to work or travel for a year between finishing high school and starting university studies?
高校を卒業してから大学に進学するまでの1年間、若者に仕事や旅行を勧めるべきでしょうか。（ギャップイヤー（a gap year）は必要か）

Q. Which do you think is better, working part-time to pay the tuition and living expenses or taking out a student loan to devote all time and energy to their campus life?

アルバイトして学費と生活費を払うのと、学生ローンを借りて時間とエネルギーをすべて大学生活に費やすのとどちらの方がよいですか。

こういった質問がなされた場合、知恵を絞ってすばやく3分ぐらいでキーアイデアをひねり出します。もしそれができない人は友達と「3人寄れば文殊の知恵」（Two heads are better than one.）と話し合って、ポイントを考え出しましょう。

ではこれらの質問に対して答えるトレーニングをしてみましょう！

▶ TRACK 28

Q. How are education priorities today different from those in the past?

今日の教育の優先順位は、過去の優先順位とどのように異なりますか。

1. COVID-19パンデミックの出現により、多くの学術機関はオンライン教育に頼らざるを得なくなりました。	The emergence of the COVID-19 pandemic compelled many academic institutions to resort to online education.
2. Eラーニングには、より高度な学生の自己主導性と学習意欲が必要です。	E-learning requires a higher degree of student self-direction and motivation to learn.
3. 大規模なオープンオンラインコースであるMOOCは、教育に普及してきました。	MOOC, massive open online courses, have become pervasive in education.
4. 学習者と教師の間には以前よりも高いレベルの双方向性があります。	There is a greater level of interactivity than before between learners and teachers.

5. 高い評価の教師による質の高い講義を以前より受けることができます。	There is greater accessibility than before to high-quality lectures by highly recognized teachers.

☞ resort to ~ は「~を用いる」で、resort to violence なら「暴力に訴える」で、a last resort は「最後の手段」。pervasive は「行き渡った」で、the pervasive influence of the Internet で「ネットの広範囲にわたる影響」。

Q. What is your opinion on the way foreign languages are taught in schools?

学校での外国語の教え方についてどう思いますか。

1. 読解力が重視され、コミュニケーション能力は重視されていないと思います。	I think that there is more emphasis on reading comprehension and less emphasis on communicative competence.
2. ディスカッションやプレゼンテーションを通じて、コミュニケーションスキルを伸ばすことにもっと焦点を当てる必要があります。	More focus should be placed on developing communicative skills through discussions and presentations.

☞ communicative competence は「対話能力」のことで、conversational ability 「会話能力」ともいえる。More focus should be placed on ~「~にもっと焦点を当てる必要がある」は改革すべきポイントを述べたいときに使える重要表現！

Q. How can the type of school you go to affect your career success?

どのような学校に行くかによって、キャリアの成功にどのような影響があるのでしょうか。

1. それは仕事の性質次第です。	It **depends on the nature of the work**.
2. 知識労働者になりたいなら、大学の知名度が将来のキャリアに影響を与えます。	If you want to be a knowledge worker, the prestige of educational institutions will **make a difference** in your future career.
3. 名門大学の学位を取得すると、ステータスの高い高給の仕事を見つける機会が増えます。	Prestigious university degrees will give you more chances to find well-paying jobs with a high status.
4. 起業家や芸術家になりたいなら、あなたの才能が学歴よりもはるかに重要です。	If you want to be an entrepreneur or artist, your talents are far more important than your academic background.

☞ a knowledge worker は「医者・科学者・弁護士など情報を処理する仕事をする人」のことで、well-paying [well-paid] jobsは「高給の仕事」、academic [educational] backgroundとは「学歴＋これから学ぼうとしていること」。

　次は、日本の教育事情を述べる際によく話題に出る「レクチャー型クラス」対「生徒参加型クラス」に関する質問です。それぞれのメリットを考えて答えてみましょう。

▶ TRACK 31

Q. Which do you think is better, class based on lectures or class based on discussions and presentations?

レクチャー型のクラスと生徒参加型クラスのどちらがいいと思いますか。

■ レクチャー型の場合

1. 知識を生徒に効率よく伝えることができます。	It efficiently **imparts** knowledge **to** students.
2. 教師と生徒の比率を減少させることで、教育コストが少なくてすみます。（どんなに生徒が多くてもOK）	It decreases education costs by decreasing the teacher-student ratio.

| 3. 講師の講義の質向上につながります。 | It motivates teachers to **enhance the quality of lectures**. |

☞ impart は「伝授する」に近い語。a A-B ratio「A と B の比率」は便利な表現で、a doctor-patient ratio「ドクターと患者の比率」のように使える。

「レクチャー型」の場合は以上の 3 つが考えられますが、論理が弱そうなので「生徒参加型」を選んだ方がベターです。

■ 生徒参加型の場合

1. 生徒の批判的思考力、プレゼン力、討論力を高めます。	It develops students' abilities in critical thinking, presentation, and discussion.
2. 生徒の授業への興味を高めます。	It stimulates students' interest in class.
3. 生徒の自主研究意欲を高めます。	It encourages students' independent study.

☞ independent study は「自分で勉強［研究］すること」で、self-motivating「自主的にする」、self-directing「自分で決める」も覚えておこう。

▶ TRACK 32

Q. Do you think that it is beneficial for elderly people to attend college or university?

大学で勉強することはシニアにとって良いことだと思いますか。

---

1. 知力を上げたり維持することができます。	It will develop or maintain people's intellectual abilities.
2. 教養の幅を広げます。	It will **broaden people's cultural horizons**.
3. 生きがいを与えます。	It will give people **something to live for**.
4. 知人ネットワークを築くことができます。	It can **build up a network of friends and acquaintances**.

5. 超高齢社会では、シニアたちがビジネス界の変動するニーズを満たす仕事に必要なスキルを習得できます。	In superaged society, elderly people can acquire job skills that can meet the changing needs of the business world.

☞ broaden one's cultural horizons は「視野を広げる」、something to live for は「生きがい」で、言い換えれば a reason for living。build up a network of friends and acquaintances は「人脈を広げる」で、ビジネスの場合は networking が使える。

さて今度は、a gap year に関する意見を述べる質問です。これは、a year-long break before or after college when students engage in various educational and developmental activities、つまり、主に高校を卒業してから大学に入るまでの1年間で就業や旅行を経験するものです。

▶ TRACK 33

Q. Should young people be encouraged to work or travel for a year between finishing high school and starting university studies?

高校を卒業してから大学に進学するまでの1年間、若者に仕事や旅行を勧めるべきでしょうか。

■ 賛成の場合

1. 私は2つの理由で「ギャップイヤー」の考えに同意します。	I agree with the idea of "gap years" for two reasons.
2. 第1に、ギャップイヤーにより、学生は大学に入学する前に学業に明確な目標を設定することができます。	Firstly, gap years allow students to **set clear goals** for their college work before they enter university.
3. 明確な目標設定により、関心のある分野で成功するためのスキルを習得するために一生懸命努力することができます。	Clear goal-setting allows them to work hard to acquire skills necessary for success in **their area of interest**.

71

4. 第2に、様々な場所に旅行することで、彼らの知的および文化的視野が広がります。	Secondly, traveling to different places will **expand their intellectual and cultural horizons**.
5. 地元の人々との交流や異文化との触れ合いは、彼らの知的および社会的発展に貢献します。	Interactions with local people and exposure to different cultures **contribute to** their intellectual and social development.

☞ set a goal は「目標を立てる」。interactions with ～ は「～と対話したり一緒に働くこと」。exposure to different cultures は「異文化に触れること」を意味する重要表現。

■ 反対の場合

1. 私は2つの理由で「ギャップイヤー」の考えに同意しません。	I disagree with the idea of "gap year" for two reasons.
2. 第1に、彼らはどこかの国への旅行で大きな喜びを得ると高等教育の研究への興味を失うでしょう。	Firstly, they will lose interest in study in higher education by **deriving great pleasure from** traveling to some countries.
3. 第2に、1年間の実務経験は、大学での勉強へのモチベーションを損なう可能性があります。	Secondly, one-year working experience may **undermine their motivation for study** in university.
4. 学生が仕事で達成感を得ると会社で働くことを選ぶかもしれません。	If students **have a sense of accomplishment** at work, they may choose to work at the company.

☞ derive great pleasure from ～ は「～から大きな喜びを得る」、undermine their motivation for ～ は「～へのモチベーションを損なう」で、反対に「～へのモチベーションを高める」は enhance their motivation for ～ で表現できる。

> **Q. Which do you think is better, working part-time to pay the tuition and living expenses or taking out a student loan to devote all time and energy to their campus life?**
>
> アルバイトして学費と生活費を払うのと、学生ローンを借りて時間とエネルギーをすべて大学生活に費やすのとどちらの方がよいですか。

この質問はいかがですか。考えてみてください。

■ アルバイトの場合

1. 4つの理由から、授業料を払うためにアルバイトをする方がいいと思います。	I think it is better to work part-time to pay the tuition for four reasons.
2. 第1に、アルバイトは自立心を育み、本格的な社会人になるのに役立ちます。	Firstly, working part-time will **develop a sense of independence**, helping you become **a full-fledged member of society**.
3. 第2に、アルバイトの仕事の経験は、様々な職業の人との交流によって視野が広がります。	Secondly, part-time job experience will **broaden your horizons** through interactions with **people from different walks of life**.
4. 第3に、アルバイトの経験は、顧客と適切に接し、同僚と仲良くすることにより、対人スキルを伸ばします。	Thirdly, part-time job experience will **develop interpersonal skills** by dealing with customers properly and **getting along with co-workers**.
5. 最後に、卒業後に経済的に安定した仕事を見つけることができない場合、学生ローンで巨額の借金を抱えることになります。	Finally, you will **have a huge debt for the student loan** if you cannot find a financially stable job after graduation.

☞ full-fledged は「一人前の、本格的な」の意味で、a full-fledged pilot「一人前のパイロット」、full-fledged operations「本格的稼働」のように使える。また、people from different walks of life は「様々な職業・階層の人々」を意味する必須表現。

■ 学資ローンの場合

1. 2つの理由で学生ローンを借りたほうがいいと思います。	I think it is better to take out a student loan for two reasons.
2. 第1に、ローンを組むことで、学業に集中することができます。	Firstly, taking out a loan will allow you to **concentrate on your academic work**.
3. 第2に、課外活動を通じて友達の輪を作ることができます。	Secondly, it will allow you to **build up a circle of friends** through **extracurricular activities**.

☞ take out a loan from the bank とすれば「銀行でローンを組む」ことで、extracurricular activities は「クラブ活動やボランティア活動など、単位とは関係のない課外活動」を意味する必須表現。

ということで、アルバイトをする方がベターのようです。以上で、学校・学業に関するスピーキング力UPの技術とトレーニングは終了です。

74

Chapter 3

「仕事・職場」
スピーキング力 UP トレーニング

① 「職業・職場」スピーキング力UPトレーニング
My Occupation and Workplace

　社会人なら、**自分の職業や会社**（my occupation and company）、仕事内容や**仕事のやりがい**（the challenging parts of my work）などについて聞かれるシーンが多いでしょう。こういった話題に関するやりとりは、businesspeople の第一印象を決めるといっても過言ではありませんので、すらすら言えるように何度も練習しておきましょう！

◎「職業・職場」に関する質問とレスポンスはこれだ！

　「職業・職場」に関する質問では、まず、What do you do for a living?（職業は何ですか）のように聞かれます。それに対しては「学校・学業」のときと同様に、ぶっきらぼうにならないように次のテンプレートを用いて即座にレスポンスできるようにしましょう。そして、その後で問われる質問にもすぐに答えられるようになっておきましょう。

▶ TRACK 35

Q. What do you do for a living?
　職業は何ですか。

テンプレート①　仕事について述べる

I work as a X at Y in Z. I have been in this business for ～ years.

（私はZのYでXとして働いています。私はこの仕事に～年間携わっています）

　かつて日本人は、職業を聞かれて「会社員です」と答える人が多かったです

が、これは質問に全然答えておらず、日本人としてもまずい答えです。また、異文化間コミュニケーションの見地からは、I am a teacher[an engineer]. や I work at X company. だけではぶっきらぼうなので、上のひな形を使って下のように言います。ちなみに、会社名だけ述べるのは Google や Toyota など世界的に有名な会社であれば、何の分野かわかりますが、それでも国際人 (a successful intercultural communicator with a global perspective) としてはその会社で何をしているかを述べる必要があります。

テンプレートを使って言ってみよう！

1. 大阪の建設会社で営業部長をしています。私はこの仕事に10年間携わっています。	**I work as a** sales manager **at** a construction company **in Osaka. I've been in this business for** ten years.
2. 私は京都の電気通信会社でエンジニアとして働いています。私はこの仕事に15年間携わっています。	**I work as an** engineer **at** a telecommunications company **in Kyoto. I've been in this business for** fifteen **years.**
3. 私は東京の出版社で編集者として働いています。私はこの仕事に20年携わっています。	**I work as an** editor **at** a book publishing company **in Tokyo. I've been in this business for** twenty **years.**

　また、**full-time**、**part-time** を work と as の間に入れることもできます。さらに、**work in the 〜 department at ...**（…会社の〜部で働いています）のように言うこともでき、部署に関しては **the marketing department**（マーケティング部）、**the sales department**（営業部）、**the human resource department**（人事部）、**the research and development department**（研究開発部）、**the accounting department**（経理部）などを述べます。

　これに対して、会社員でなく自営業であれば、I work as a の代わりに **I am a[an] X**（職業：a lawyer、an accountant、an interior designer[decorator]、an architect）のように言えます。フリーランスであれば、職業名を **a freelance writer[translator / designer / editor / photographer / reporter / journalist]** のように言えば OK です。また、**I run a restaurant[bookstore / clinic / beauty parlor]**（レストラン［書店・クリニック・美容院］を経営

しています)のようにも言えます。2文目のI have been in ... 以降は同じです。

　この後にくる質問は次のようなものが想定されます。

❶ **Do you find your job interesting?**（仕事はおもしろいですか）

❷ **What do you enjoy most about your work?**
（仕事で最も楽しいことは何ですか）

❸ **What is the most important factor when you choose a job?**
（仕事を選ぶ際に最も重視するポイントは何ですか）

❹ **What skills or qualities do you think are important to succeed in business?**
（ビジネスで成功するには、どのようなスキルや資質が重要だと思いますか）

❺ **Do you want to continue your job?**
（今の仕事を続けたいですか）

❻ **Which would you prefer, working for a large company or a small company.?**
（大きな会社と小さな会社とどちらで働くのがいいですか）

❼ **Do you prefer to work alone or in a group?**
（仕事は一人でしたいですか、グループでしたいですか）

❽ **Which do you work better, in the morning or in the evening?**
（仕事は朝の方がはかどりますか、夕方の方がいいですか）

❾ **Do you prefer to stay in the same job or profession, or to change jobs or professions during your lifetime?**
（あなたは生涯、同じ仕事や職業にとどまることを望みますか、それとも仕事や職業を変えることを望みますか）

▶ TRACK 36

Q. Do you find your job challenging?
　仕事はやりがいがありますか。

　①のタイプの質問には次のテンプレートが使えます。

テンプレート② 仕事のおもしろさを述べる

Yes, it's very challenging[intellectually stimulating]. I'm in charge of X[I work in the X department]. It is very demanding to meet the deadline for assignments, but it really gives me a sense of accomplishment.

（はい、非常にやりがいがあります［知的で刺激的です］。X を担当しています［X 部で働いています］。仕事の締め切りに間に合わせるのは非常に厳しいですが、本当に達成感があります）

X には、research and development（研究開発）、human resource management（人的資源管理）、business administration（経営管理）、market research and sales promotion（市場調査と販売促進）などの、仕事の分野が入ります。

また、demanding to の後には、この他 meet the monthly quota（月のノルマを達成する）、increase the sales（売り上げを伸ばす）、supervise the workers（部下を管理する）などが使えます。

テンプレートを使って言ってみよう！

1. はい、非常に知的で刺激的です。研究開発を担当しており、締め切りに間に合わせるのは非常に大変ですが、本当に達成感があります。	**Yes, it's very intellectually stimulating. I'm in charge of** research and development. **It is very demanding to meet the deadline, but it really gives me a sense of accomplishment.**
2. はい、非常にやりがいがあります。流通管理を担当しており、従業員を監督することは非常に大変ですが、本当に達成感があります。	**Yes, it's very challenging. I'm in charge of** distribution management. **It is very demanding to** supervise the workers, **but it really gives me a sense of accomplishment.**

3. はい、非常にやりがいがあります。市場調査＆販売促進部門で働いていますが、仕事の締め切りを守ることは非常にきついですが本当に達成感があります。	**Yes, it's very challenging. I work in the** market research and sales promotion **department. It is very demanding to meet the deadline for assignments, but it really gives me a sense of accomplishment.**

☞ stimulating（＝making you feel more active, encouraging or arousing interest or enthusiasm）は「積極的にやる気が出る」ことで、これに intellecually をつけると、「好奇心が湧いて勉強・研究したくなる」の意味になる。meet the deadline は「締め切りに間に合わせる」で、be facing the deadline なら「締め切りが迫っている」、be under deadline pressure は「締め切りでプレッシャーを受けている」となる。

▶ TRACK 37

> **Q. What kind of jobs do (young) people in your country like to do?**
>
> あなたの国の（若い）人はどのような仕事に就きたがっていますか。

この質問の場合は次のテンプレートが使えます。

テンプレート③　仕事の内容を述べる

> **X is (one of) the most popular career options because they think they can make the most of their Y, or because they think that Y is the most important (factor).**
> （X は最も人気のあるキャリアオプション（の１つ）です。彼らは自分の Y を最大限に活用できると考えているからです。もしくは Y が最も重要（な要素）だと考えているからです）

　スキル系の場合は 2 つある because 節の前者を、スキル以外の場合は後者が使えます。これらを使って次のように言えます。

1. 若者は自分のコンピューター スキルを最大限に活用できると 考えているため、システムエン ジニアは彼らに最も人気のある 職業選択の1つです。	A system engineer **is one of the most popular career options** for young people **because they think they can make the most of their** computer skills.
2. 若者は自分の描画スキルや想 像力、創造性を最大限に活用で きると考えているため、アニ メーターは彼らに最も人気のあ る職業選択の1つです。	An animator **is one of the most popular career options** for young people **because they think they can make the most of their** drawing skills, imagination, and creativity.
3. 若者は仕事の安全と経済的安 定が職業決定の最も重要な要素 であると考えているため、公務 員は彼らに最も人気のある職業 選択の1つです。	A public servant **is one of the most popular career options** for young people **because they think that** job security and financial stability **are the most important factors** in career decision.

☞ make the most of ～ は「～を最大限活用する」で、You are not making the most of what you have.「君は自分の持ち味を生かしていない」のように使える。

3の公務員の場合、because they think that の後に、job security is more important than job satisfaction and excitement（仕事の安定の方が仕事の満足感よりも重要である）や、they can receive a stable income until retirement without being affected by economic recessions（不況に影響を受けず退職まで安定した収入が得られる）や、it provides lifetime job security（生涯にわたる仕事の保障が得られる）のようにも言えます。

②「ワークスタイル」スピーキング力 UP トレーニング
Work Styles

このセクションでは、**ワークスタイル（work style）**、つまり「職場の仕事や職場の人間関係に適用される一連の行動や態度（the collection of behaviors and attitudes that you apply to your tasks and relationships in the workplace）」について意見を述べる練習をします。効率よく仕事できる時間帯、仕事を選ぶポイント、**大きな会社 vs 小さな会社（working for a large company or a small company）**、**生涯一つの会社・仕事にとどまりたいか（staying in the same job vs changing jobs during your lifetime）**、**テレワーク（teleworking）** などの話題について、自分の意見を発信できるようになりましょう。

▶ TRACK 38

Q. When do you work better, in the morning or in the evening?

仕事は朝と夕方ではどちらがはかどりますか。

■ 朝型がベターの場合

1. 早起きなので、朝はより効率的かつ生産的に仕事をすることができます。	I'm an early riser so that I can work more efficiently and productively in the morning.
2. 早くオフィスを出て、夕方に趣味や家族と過ごす時間を増やすことができます。	I can leave the office earlier and spend more time on my hobbies or with my family in the evening.

☞ a morning person は「朝型」、a day person は「昼型」、a night person[owl] は「夜型」。

1. 夕方は電話やクライアントの訪問など、気を散らすものははるかに少なくなります。	There are **much fewer distractions like phone calls or clients' visits in the evening.**
2. 静かな環境は、仕事と生産性への集中力を高めます。	The quiet environment **enhances my concentration on work and productivity.**

☞「集中力」は concentration といえるが、他に主に親が子供に対して言う Stay focused (on ～).「(～に) 集中しなさい」も重要表現！

▶ TRACK 39

Q. What is the most important factor when you choose a job?

仕事を選ぶ際に最も重視するポイントは何ですか。

この質問に対しては次のテンプレートを使って答えてみましょう。

テンプレート④　仕事の選択ポイントを述べる

The most important factor (to consider) when I choose a job [when choosing a job / in making a career decision] is X.

(仕事 [職業] を選ぶときに最も重要な要素は X です)

X is the most important factor [consideration] in my career choice [decision / selection].

(X が職業の選択において最も重要な要素です)

なお、前置きを言いたければ、There are many factors that influence my career choice, but the most important consideration is X. のように言えます。そして、X に入るものの例としては次のようなものがあります。

83

□お金系

a salary（給料）、an annual income（年収）、benefit packages（福利厚生）

□人間関係系

interpersonal relationships in a workplace（職場の人間関係）、a congenial working environment（快適な職場環境）

□やりがいメンタル系

job satisfaction（仕事に対する満足感）、personal［self-］fulfillment（充足感）、a sense of accomplishment（達成感）、a sense of contribution to society（社会貢献感）

□ステータス系

a social status（社会的ステータス）、social recognition（社会的認知度）

□昇進・成長系

career advancement opportunities（昇進するチャンス）、opportunities for skill development（スキル開発の機会）、on-the-job training（実地研修）、a chance to maximize［realize］your potential（潜在能力発揮のチャンス）

□適性系

an aptitude for a job（仕事の適性）、a chance to show your staff（自分の能力を発揮できるチャンス）

■ お金の場合

テンプレートを使って言ってみよう！

1. 私が仕事を選ぶときに最も重要な要素は、給与と福利厚生です。	**The most important factor when I choose a job is** salary and benefit packages.
2. 家や車を購入することで高い生活水準を享受し、引退後の生活を楽にすることができます。	You can enjoy a high standard of living through house and car purchases and an easy life after retirement.

☞「待遇」に関しては、健康保険（health insurance）、退職金（a retirement allowance）、住宅手当（a housing allowance）、有給休暇（paid holidays）などの fringe benefits（付加給付）、perks［＝perquisite］（給料以外の手当）も含む。

■ 職場の人間関係の場合

テンプレートを使って言ってみよう！

1. 仕事を選ぶ際に考慮すべき最も重要な要素は、職場での対人関係と快適な職場環境です。	**The most important factor to consider when choosing a job is** interpersonal relationships in a workplace and a congenial working environment.

☞ a congenial working environment「快適な職場環境」

2. 職場に優れたマネージャーや協力的な同僚がいると、幸せや生活が大きく変わります。	Having good managers or supportive colleagues in a workplace can make a huge difference in my happiness and the quality of life.

☞ make a huge difference in ~「~が（良い意味で）大きく変わる」

■ 仕事のやりがいの場合

テンプレートを使って言ってみよう！

1. キャリアを決定する上で最も重要な要素は、仕事の満足度と充実感です。	**The most important factor in making a career decision is** job satisfaction and personal fulfillment.
2. キャリアは職業への生涯のコミットメントであるため、仕事の満足度と達成感は非常に重要です。	As a career is a lifetime commitment to a profession, job satisfaction and a sense of accomplishment are very important.
3. 仕事が自分のニーズを満たさない場合、欲求不満になり、仕事へのモチベーションを失います。	If your job does not fulfill your personal needs, you will get frustrated and lose motivation for work.

☞ fulfill は「責任を果たす系」と「目標を実現する系」の用法があり、前者は fulfill my duty[obligation / mission / responsibility / role / function]、後者は fulfill my dream[goal] のように使う。

■ 昇進・スキルUPの可能性の場合

テンプレートを使って言ってみよう！

1. キャリア決定［選択］を行う上で最も重要な要素は、昇進する機会です。	**The most important factor in making a career decision [selection] is** career advancement opportunities.
2. 成功のはしごを登りながら、労働者としての可能性を最大限に引き出すことができます。	While climbing up the ladder of success, I can maximize my potential as a worker.
3. 仕事を選ぶ際の最も重要な要素は、スキル開発の機会です。	**The most important factor when choosing a job is** opportunities for skill development.
4. 知的刺激とスキルUPのチャンスの欠如は、私の仕事へのモチベーションを損なうでしょう。	A lack of intellectual stimulation and chance for skill improvement will undermine my motivation for work.
5. 研修制度は仕事を選ぶ際の重要な考慮事項です。	On-the-job training is a critical consideration when I choose a job.

☞ climb up the ladder of success は「出世する」意味の重要表現で、他に get on the career [fast] track 「出世街道に乗る」、career advancement (promotion など「出世」すること) も覚えておこう。

■ 仕事の適性の場合

テンプレートを使って言ってみよう！

1. 仕事を選ぶ上で最も重要な要素は、その仕事に対する私の適性です。	**The most important factor when choosing a job is** my aptitude for the job.
2. 仕事に適性がピッタリならば、より良いパフォーマンスをし、自己イメージを高めることができます。	If you are perfect for your job, you can perform better and enhance your self-image.

☞ aptitude は「適性」で、have an aptitude for ～ は「～の才能がある、～の筋がいい」となる。また be perfect for ～「～が非常に向いている」は必須表現。enhance one's self-image は「自分に自信が持てるようになる」を表す重要表現。

> **Q. Which would you prefer, working for a large company or a small company?**
>
> 大きな会社と小さな会社とどちらで働くのがいいですか。

　このトピックではテンプレートはありませんが、次のようなポイントが考えられます。

■ 小さな会社で働く場合

1. 様々な種類の事業運営（および職務）に触れることで、様々なスキルを学ぶ機会が増えます。	It gives you more opportunities to learn various skills through exposure to various kinds of business operations (and job responsibilities).
2. 緊密に協力している労働者間のより強い結びつきがあります。	It has stronger ties among workers who work closely together.
3. 上役から指導を受ける可能性が高くなります。	It gives you a better chance of being mentored by a higher-level employee.

☞ mentor は、「良き師（指導者・先輩）」「指導者として導く」と名詞・動詞として使える重要語彙で、a mentoring program「社内指導教育プログラム」、a mentor-mentee relationship「子弟関係」のように使える。

■ 大きな会社で働く場合

1. 給料が高く、各種手当も多く、経済的に安定しています。	It gives you a higher salary, greater benefits, and more financial stability.
2. 高いステータスと、名声が得られます。	It gives you a high status and prestige.
3. 新しいスキルを学ぶための様々なトレーニングの機会を通じて、キャリアを伸ばすチャンスが増えます。	It gives you more chances for career growth through various training opportunities to learn new skills.

| 4. 分野の専門家との関係を含め、ネットワーキングの絶好の機会があります。 | It provides great opportunities for networking, including relationships with experts in the field. |
| 5. 大企業は、研究開発のための莫大な予算や最先端の設備など、はるかに多くのリソースがあります。 | Large companies have far more resources including a huge budget for R&D and state-of-the-art facilities. |

☞ career を含んだ表現は多く、a career option [choice]「職業選択」、a career goal [objective]「仕事の目標」、career advancement [development / growth / building]「どんどん出世すること」、career change「転職」、a career plan「キャリア計画」のように幅広く使える。

　大きな会社で働く方がメリットが多いようですが、その反面、**You are likely to receive limited individual support and attention.**（個人的なサポートや気遣いが限定されてしまう可能性がある）や、**You are expected to get your job done on your own without receiving much mentoring in a hierarchical structure.**（階層構造であまり指導を受けることなく、自分で仕事を成し遂げなければならない）、**You're likely to be a cog in a wheel.**（車輪の歯車になる可能性がある）などの問題点もあります。

　この他、これに関連して「自営業（**self-employed**）と会社勤め（**employee**）のどちらがいいか」も聞かれることがあります。

▶ TRACK 41

Q. Do you prefer to stay in the same job or profession, or to change jobs or professions during your lifetime?

あなたは生涯、同じ仕事や職業にとどまることを望みますか、それとも仕事や職業を変えることを望みますか。

■ 1つの仕事を続ける場合

1. 長年の経験と訓練を通じて、仕事のスキルを向上させることができます。	**You can improve your job skills through** long-time experience and training.
2. 仕事のスキルを高めてより効率的で臨機応変に仕事をすることができるでしょう。	You will be able to **work more efficiently and resourcefully** with better job skills.

☞「長年の」の表現は、次のように何を修飾するかで変わってくる。long-time friends「長年の友人」、a long-time meeting「長いミーティング」、long-standing relationships「長年の関係」、a long-cherished dream「長年の夢」、a long-term plan「長期計画」といったふうに使えるようになっておこう。

　ここでの回答は、例えば教師の場合なら、Teachers can improve their teaching skills by finding students'strengths and weakness through interactions with different kinds of students.（教師は、様々な種類の生徒とのやり取りを通じて生徒の長所と短所を見つけることで、指導スキルを向上させることができます）などと言えるでしょう。

　また、1つの仕事を続ける場合には、次のようなメリットがあります。

3. スキル［専門知識］を高め、より高い給料を受け取るでしょう。	You will receive a higher salary for your better skills［expertise］.
4. おそらく、長年の経験によって会社でより高い地位につけるでしょう。	You will probably get a higher position in your company **with long-time experience**.

■ 仕事を変える場合

1. 様々な職業経験を通して視野を広げることができます。	You can **broaden your cultural horizons through** various work experiences.
2. 様々なライフスタイルを経験することで生き生きとした人生を送れます。	You can **spice up your life through** experiencing different kinds of lifestyles.

☞ you can spice up your life は you can enjoy an intellectually stimulating life ともいえる。

Q. Do you think that telecommuting is a positive or negative trend?

テレワークはプラスとマイナスの傾向のどちらだと思いますか。

■ テレワークの利点

まず利点としては主に次のようなものがあります。

1. 家賃、光熱費、交通費、その他の諸経費を節約することで、運用コストを大幅に削減します。	It greatly **reduces operational costs** by saving money on rent, **utilities**, transportation, and other **overhead costs**.
2. CO_2 排出量とオフィスのエネルギー消費量を削減することにより、環境上のメリットをもたらします。	It **brings environmental benefits** by decreasing CO_2 emissions and office energy consumption.
3. 通勤をなくし、家族の絆を強めることで、仕事と生活のバランスを促進します。	It **promotes a work-life balance** by eliminating commuting and strengthening family ties.
4. 従業員は公共交通機関、昼食、仕事着、育児にかかる費用を節約できます。	It allows employees to save money on public transportation, lunches, work attire, and childcare.

☞ utility とは「(電気・ガス・水道などの) 公共施設や、複数形で (電気・ガス・水道などの) 公共料金」のこと。overhead costs は「(給料、家賃、備品、保険料、公共料金など) 会社の運営にかかる経費」のこと。

この他、次のような利点も考えられます。

5. 柔軟な勤務スケジュールにより、通勤が困難な労働者は、自宅で小さな子供や年老いた両親の世話をすることができます。	A flexible work schedule **allows** workers with commuting difficulties **to take care** of their small children or aging parents at home.
6. 配偶者の転居などの個人的な理由で退職する可能性のある従業員を維持するのに役立ちます。	It helps organizations retain employees who may otherwise leave for personal reasons including **spouses' relocation**.

7. グローバルな人材プールにアクセスして、優秀な専門家のチームを構築し、グローバルなプレゼンスを確立することができます。	It allows companies to access the global talent pool to build a team of high-performing professionals and establish a global presence.

☞ relocation は「家やオフィスの引っ越し」のことで、relocation costs は「引っ越し費用」。

これらに対して、テレワークのデメリットには次のようなものがあります。

■ テレワークのデメリット

1. 従業員同士の対面のコミュニケーションとコラボの欠如によって孤立感を引き起こします。［断絶感］	It **causes a sense of isolation** through a lack of face-to-face communication and collaboration between workers. [emotional disengagement]

☞ a sense of isolation「孤立感」の他に、social isolation「社会（周囲）からの孤立」、social withdrawal「社会的ひきこもり」、social distancing「感染症対策として人と人との距離を空け、接触機会を減らすこと」なども重要。

2. 遠隔地の職場は会社のセキュリティを危険にさらす可能性があります。	**A remote workplace** could **jeopardize security** for the company.

security に関しては、会社は、クライアントのデータを詮索好きな目から保護するために IT チームを構築する（build IT teams to protect their clients' data from prying eyes）必要があります。

3. 直接の監督の欠如と家庭での多くの気をそらすものによって、生産性が低下する可能性があります。	Productivity can be reduced by a lack of direct supervision and many distractions at home.
4. 多くの家族にとって、在宅勤務の労働者の個人的責任と職業的責任の境界はあいまいになります。	For many families, **the boundary between** personal **and** professional responsibilities are **blurred** for telecommuting workers.

☞ blur は、blur the distinction between 〜「〜の違いをあいまいにする」、a blurred vision「目のかすみ」のように使える重要表現。

これらテレワークのデメリットに対する反論や打開策としては次のようなものがあります。

5. 通勤時間や同僚との長々した話し合いがなくなることで、従業員の生産性が上がります。	It increases employees' productivity by eliminating commuting time and procrastinating talks with colleagues.
6. 雇用側が生産性の目標を設定すれば、従業員の生産性の低下を解決できます。	A decrease in employees' productivity can be solved by establishment of productivity goals by employers.
7. デジタルコミュニケーションツールを使用して、ブレーンストーミング、企画会議、成長会議を行えば生産性低下の問題を解決できます。	It can be solved by using digital communication tools for brainstorming, project meetings, and growth sessions.
8. テレワークテクノロジーは、労働者がプロジェクトや締め切りに遅れないようにし、労働者間のコラボレーションを促進します。	Teleworking technology can help workers keep up with the projects and deadlines, facilitating collaboration among workers.

☞ procrastinate は「ぐずぐず先延ばしにする」で、dawdle、delay one's action ともいえる。

3 Chapter 3

「仕事の成功とリーダーの条件」スピーキング力UPトレーニング
Key Ingredients of Business Success and Leadership

　このセクションでは、ビジネスで成功するための条件（important conditions for business success）やビジネスリーダーの資質（qualities of successful business leaders）、さらに近年注目されている「変革的リーダー（transformational leaders）」などについて、businesspeople なら誰しも興味のあるトピックを扱います。あなたのリーダー像や成功像を日頃から整理し、すらすらと発信できるようにトレーニングしましょう。

▶ TRACK 43

Q. What skills or qualities do you think are important to succeed in business?

ビジネスで成功するには、どのようなスキルや資質が重要だと思いますか。

1. ビジネスで成功するには、対人能力と問題解決のスキルが不可欠です。	**People skills** and **problem-solving skills** are essential for success in business.
2. 対人スキルは、他人に効果的に対処し、影響を与え、コミュニケーションをとる能力です。	People skills are the ability to deal with, influence, and communicate effectively with other people.
3. 優れた対人スキルは、効果的で生産的な人間の相互作用を最大化できます。	Having good people skills can **maximize effective and productive human interactions**.
4. 同僚との効果的なコミュニケーションは、調和のとれた関係を築き、職場の生産性を向上させます。	Effective communication with colleagues can **build harmonious relationships** and increase productivity in a workplace.

5. クライアントとの効果的なコ ミュニケーションは、信頼関係 を築き、企業の売上を伸ばすこ とができます。	Effective communication with clients can **build trusting relationships,** thus **increasing company sales.**
6. 仕事は常に問題解決の場であ るため、先手を取る、臨機応変 な問題解決力が不可欠です。	**Proactive and resourceful problem-solving skills** are crucial, as work is a series of problem-solving situations.

☞ people skills「人を扱う能力、人との接し方（＝ the ability to deal with, influence, and communicate effectively with other people)」には、negotiation skills and the ability to inspire, persuade, and motivate others「交渉力や他の人を刺激し納得させ、やる気を起こさせる能力」が含まれる。そのためには、共感と同情心、アクティブリスニングスキル、ノンバーバルスキル （empathy and sympathy, active listening skills, and nonverbal skill） が重要。

コラム　コミュニケーションの基本 Active Listening をマスターしよう！

　active listening とは、to listen attentively to a speaker, understand what they're saying, respond and reflect on what's being said, and retain the information（話し手に注意深く耳を傾け、話していることを理解し、よく考え、反応し、それを記憶しておくこと）で、会話に没頭（engagement in a conversation）していること示さないといけません。そのためには、次の 3 つのアプローチをマスターする必要があります。

1. Show that you're listening
　（うなづいたり、スマイルしたり、相槌を打ったりして関心を示す）

2. Provide feedback
　（話し手のメッセージを言い換えて確認したり、サマリーしたりする）

3. Defer judgment
　（話し手がポイントを言い終わるまで質問せず、反論したりして話を遮らない）

> Q. **What are the most important qualities of business leaders?**
>
> ビジネスリーダーの最も重要な資質は何ですか。

　この質問に対しては、非常に重要な資質を「キーワード」にまとめて、重要な順に箇条書きにしてみてください。そして、3つ、5つ、7つなどの場合によって何を選ぶかを考えてみてください。まず、3つの最も重要なものとしては、「先見の明（vision）」と「情熱的（enthusiastic）」あるいは「折れない心（resilience）」と「創造的・革新的（creative and innovative）」があるでしょう。

■ **vision**（先見の明）の場合

　リーダーの資質として、vision（＝ the ability to think about or plan the future with imagination or wisdom［先見の明］）を選んだ場合は次のようになります。

1. リーダーは、会社の将来について明確なビジョンを持っています。	Leaders **have a clear vision for the future** of their company.
2. リーダーは達成しようとしていることについて明確なビジョンを持ち、部下にそれを吹き込みます。	Leaders **have a clear vision of** what they try to achieve and inspire their vision in their workers.
3. リーダーには明確な目標を設定するための明確なビジョンと、目標を達成するための粘り強さがあります。	Leaders **have a clear vision to** set clear goals and persistence to achieve their goals.
4. 明確なビジョンを持つリーダーは、明確な計画を策定し、明確な方向性を示すことができます。	Leaders **with a clear vision** can formulate clear plans and give clear directions.

　また、visionary（＝ thinking about or planning the future with imagination or wisdom［先見力のある］）を使って次のように言うこともできます。

5. 先見の明のあるリーダーは、企業が何になり得るかによって駆り立てられ、刺激を受けます。	**Visionary leaders** are driven and inspired by what a company can become.
6. 先見の明のあるリーダーは、より大きな利益のために一生懸命働き、時間と変化に合わせて最新の状態を保ちます。	**Visionary leaders** work hard for the greater good and keep themselves updated with time and change.
7. リーダーは明確なビジョンのある目標を達成するために部下を鼓舞し、やる気を起こさせます。	Leaders **inspire, motivate, and encourage their workers to** achieve their visionary goals.

☞ ちなみに、「問題に反応して行動を起こすのではなく、問題が起こる前に手を打つ」という意味の proactive（= making changes to improve something before problems happen rather than reacting to problems and then changing things）も覚えておこう。deal proactively with a situation で「手遅れにならないように手を打つ」。

■ positive / enthusiastic / aspiring（前向き・情熱的・向上心がある）の場合

次にリーダーの資質で非常に重要なものとしてよく挙げられるのが、「前向きで自信家の（**positive** = constructive, optimistic, or confident）」「情熱的（**passionate** = having, showing, or caused by strong feelings or beliefs; **enthusiastic** = feeling or showing a lot of interest or excitement about something）」「折れない心・回復力（**resilience** = the ability to withstand or recover quickly from difficult conditions and become successful again; **perseverance** = persistence in doing or achieving something despite difficulties, failure, or opposition）」などで、これらは一言で言えば「強さの源（a source of power）」です。まず、positive の場合は次のように使えます。

1. リーダーシップの最高の資質の1つは、職場のすべての人に活力を与える多大な積極性です。	One of the top leadership qualities is **a sense of abundant positivity** that energizes everyone in a workplace.

2. 優れたリーダーの最も重要な資質の1つは、試練を障害ではなく機会と見なすことです。	One of the most important qualities of a good leader is to **see challenges as opportunities rather than obstacles**.
3. ネガティブな職場環境は、部下の間にストレスや献身のなさを引き起こす可能性があります。	A negative work environment can cause stress and disengagement among workers.
4. リーダーは、部下のストレスを軽減するために前向きな姿勢を示すことが重要です。	It is important for leaders to **exude a positive attitude** to alleviate the stress of their employees.

☞「前向き」の重要性は、You have to always believe in yourself, and your ability to see things through to the end.（常に自分を信じ、物事を最後までやり遂げる力を持つことが大切です）のようにもいえる。「情熱」に関しては passion と enthusiasm があるが、後者は「ものすごく好き」がにじみ出ている感じで、これも集団に非常にいい影響を与える。また、「向上心がある、野心的（aspiring = having a strong desire to achieve something important）」もある。

次に、enthusiasm の場合です。

1. リーダーの情熱［熱意］は、部下がより一生懸命働くように動機づけ、それによって生産性を向上させます。	Leaders' **passion [enthusiasm]** motivates their employees to work harder, thus increasing their productivity.
2. リーダーの熱意は、部下に伝染し、刺激を与えます。	The **enthusiasm** of leaders is infectious and inspiring to their workers.
3. 情熱は、リーダーが部下にモチベーションを植えつけ、望ましいビジョンを達成するのに役立ちます。	**Passion** helps leaders to instill motivation in their employees and achieve the desired vision.

☞ infectious は、contagious や catching と同様に「周囲にうつる」こと。また、A's enthusiasm rubs off on B (me).「Aの情熱がB（私）にうつる」も覚えておこう。instill A in B は「AをBに吹き込む」で、instill confidence in me なら「自信が湧いてくる」となる。

■ resilience / perseverance（回復力・折れない心）の場合

1. 回復力のあるリーダーは、緊張した状態でエネルギーレベルを維持し、破壊的な変化に対応することができます。	**Resilient** leaders are capable of retaining their energy level under strain and responding to disruptive changes.
2. 回復力のあるリーダーは、破壊的な行動をしたり他人を傷つけることなく、大きな試練を克服できます。	**Resilient** leaders can overcome severe challenges without destructive behavior or hurting others.
3. 回復力のあるリーダーは、あらゆる逆境から積極的に回復する有能なリーダーです。	**Resilient** leaders are high-performing leaders who positively recover from any adversity.
4. 成功するリーダーは、障害や困難に直面しても、忍耐力と決して諦めない態度を継続的に示します。	Successful leaders continuously demonstrate **perseverance** and never-give-up attitude in the face of obstacles and difficulty.

☞ challenge「試練」を用いた表現は、meet a challenge「試練に挑む」、overcome a challenge「試練を乗り越える」、a daunting challenge「気の遠くなりそうな試練」などを使えるようにしよう。

　この他、グローバル時代にリーダーの資質として重要なものに「創造的（**creative**＝ having or showing an ability to make new things or think of new ideas)」や「革新的（**innovative**＝ introducing something new, different, and better than those that have existed before)」または「問題対処能力がある（**resourceful**＝ having the ability to find quick and clever ways to overcome difficulties)」、つまり **problem-solving skills**（問題解決力）があります。

1. 創造性は、今日の速いペースで絶えず変化するグローバル市場において最高のリーダーシップの資質の1つです。	**Creativity** is one of the top leadership qualities in today's fast-paced, ever-changing global market.
2. 革新的なリーダーは、常に新しいアイデアや議論にオープンです。	**Innovative** leaders are always open to new ideas and discussions.

3. 能力の高いリーダーは、世界のすべてのビジネス変革についていけるイノベーターです。	Effective leaders are **innovators** who can keep up with all the business transformations in the world.
4. 革新的なリーダーは創造性あふれる天才ではないですが、人にアイデアを展開する自由を与えます。	**Innovative** leaders are not creative geniuses but give others the freedom to develop their ideas.
5. リーダーは、ビジネスを前進させる新しい革新的なアイデアを思いつく能力を持っていなくてはなりません。	Leaders must have the ability to come up with new and **innovative** ideas that propel their business forward.
6. リーダーは問題解決スキルと、組織が適切に機能するために状況を分析する目を持っている必要があります。	Leaders must have **problem-solving skills** and an eye for analyzing the situation for the proper functioning of their organization.

　この他にも重要なものとして次のようなものがあります。**honesty**、**integrity**（誠実さ [= the quality of being honest and having strong moral principles]）の場合は、次のようになります。

1. リーダーは部下の信頼と尊敬を勝ち取るために正直である必要があります。	Leaders need to be **honest** to win trust and respect from their workers.
2. リーダーは部下とクライアントに対して正直で信頼できるように見える必要があります。	Leaders need to look **honest** and **reliable** [trustworthy] to their workers and clients.
3. リーダーは、率直で思いやりをもって、正直なコメントとフィードバックをする必要があります。	Leaders should give **honest** comments and feedback in a direct and compassionate manner.
4. リーダーはクライアント、投資家、有能な専門家との信頼を築くために誠実さがなくてはなりません。	Leaders must have **integrity** to build credibility with clients, investors, and talented professionals.

☞ compassionate は「思いやりのある、温情のある」という意味。

また、ごまかさずに責任を取る（**accountability**）の重要さについては次のように言えます。

1. リーダーが間違いを犯した場合、部下を非難し、自分の行動を正当化することは部下の信頼を損ないます。	When leaders make mistakes, blaming their workers and justifying their own actions undermine their workers' trust in them.
2. リーダーは、部下よりも責めを多く負い、称賛はあまり浴びるべきではありません。これにより、信頼と謙虚さの組織文化が生まれます。	Leaders should take more than their share of blame and less than their share of credit, which creates an organizational culture of trust and humility.
3. リーダーは、ごまかしや先延ばしをせずに全責任を負う必要があります。	Leaders should take full **responsibility** without obfuscation or procrastination.

☞ obfuscation は「あいまいな答えをしてごまかすこと」を意味する重要表現。

さらに、「決断力（**decisiveness** = having or showing the ability to make decisions quickly and effectively）」の場合は次のようになります。

1. 決断力があると困難にあっても折れずにそれを乗り越えることができます。	**Decisiveness** can mean the difference between getting through tough times and folding under pressure.
2. リーダーは困難なときに、何かが起こるのを待ったり、人に決めさせたりせず、決断力があります。	Leaders are **decisive** during tough times rather than waiting for something to happen or letting others make decisions for them.
3. リーダーは自分自身に自信があるため決断力があります。	Leaders are **decisive** because of their confidence in themselves.

☞ mean the difference between A and B は「AとBとの分かれ目となる」の意味の重要表現。getting through tough times は「困難な時期を乗り越える」ことで、get through の代わりに、pull through、overcome、weather などでも表現できる。fold under pressure は「プレッシャーでつぶれてしまう」。

これらの他には「自制心（**self-discipline**）」「委任（**delegation** = entrusting a task or responsibility to one who is less senior than oneself）」「エンパ

ワーメント［社会的地位の向上］（**empowerment** ＝ authority or power given to someone to do something / the process of becoming stronger and more confident, especially in controlling one's life and claiming one's rights)」などもあり、次のように使います。

1. リーダーは自己規律と時間管理のスキルを持っています。	Leaders have **self-discipline** and time-management skills.
2. リーダーは主導権を握り、調子に乗らずに計算された決定を下します。	Leaders act in **control** and take calculated decisions without getting carried away.
3. リーダーは自分のタスクを部下に委任できます。	Leaders can **delegate** their tasks to their subordinates.
4. 委任は、生産性とチームのパフォーマンスを最大化するために重要です。	**Delegation** is crucial for maximizing productivity and team performance.
5. 優れたリーダーは、チームメンバーが最大の生産性と組織の成功を達成できるように権限を与えることができます。	Great leaders can **empower** their team members to achieve maximum productivity and organizational success.
6. エンパワーメントはワーカーに平等な意思決定の機会を与え、彼らの判断と専門知識を活用して解決策を生み出します。	**Empowerment** gives workers equal decision-making opportunities, using their judgment and expertise to develop solutions.

☞ get carried away は「調子に乗ってやりすぎる (be so excited about something that you cannot control what you say or do and take things too far)」の必須表現。maximize は「最大にする」で、maximize your potential「潜在能力を最大限に発揮する」、maximize efficiency and profitability「効率と収益性を最大にする」のように使える。その反対は minimize「最小にする」で、minimize the damage[risk / danger]「被害・危険を最小にする」のように用いる重要表現。

　このようなリーダーの資質や理想は、1980 年代以来、最も人気のある **transformational leadership**（変革的リーダー）で、明確なビジョンを創造し、部下が目標を達成できるように知的刺激を与え、インスパイアし、権限を与えたりしてモチベーションを与えるカリスマ的リーダーやビジョナリー

リーダーのことです。これに対して、transactional leadership は、リーダーと部下の関係は transaction（取引）を基本とするという考え方で、高いパフォーマンスには報酬を提供し、低いパフォーマンスには罰を与えるというものです。

Q. What are transformational leaders?

変革的リーダーとは何ですか。

1. 変革的リーダーは現状に挑戦するだけでなく、フォロワーの創造性を促進します。	**Transformational leaders** not only challenge the status quo but also encourage creativity among their followers.
2. 変革的リーダーは、フォロワーが物事を行う新しい方法や学ぶための新しい機会を模索するように促します。	**Transformational leaders** encourage their followers to explore new ways of doing things and new opportunities to learn.
3. 変革的リーダーシップは、フォロワーにサポートと励ましを与えます。	**Transformational leadership** involves offering support and encouragement to their followers.
4. 明確なビジョンを持つ変革的リーダーは、フォロワーの目標達成のために同じ情熱とモチベーションを持てるようにします。	**Transformational leaders** with a clear vision can help their followers experience the same passion and motivation to fulfill their goals.
5. 変革的リーダーは、自分を信頼し、尊敬し、見習うフォロワーのロールモデルとなります。	**Transformational leaders** serve as a role model for their followers who trust and respect, and emulate them.

☞ the status quo は「現状」で、maintain the status quo（現状を維持する＝remain the same）のように使える。また、serve as a role model for 〜 は「〜のロールモデル（手本）となる」の意味で、set a good example for 〜 to follow「〜に手本を示す」も覚えておこう。

ここまでリーダーの役割について述べてきましたが、では manager の役割とは違うのでしょうか。Managers and leaders complement each other, but they have separate roles today.（マネージャーとリーダーは互いに補完し合っていますが、今日ではそれらは別々の役割を果たします）のように述べ、具体的にマネージャーの特徴を説明してみましょう。

▶ TRACK 46

> **Q. What do you think is the difference between leaders and managers?**
>
> リーダーとマネージャーの違いは何ですか。

1. マネージャーは製品とサービスが期待どおりにクライアントに届くようにします。	Managers ensure that products and services reach clients in the way they expect.
2. マネージャーは事業運営とすべての法的要件を評価します。	Mangers evaluate business operations and all legal requirements.
3. マネージャーは予算を計画し、スタッフに適したトレーニングを手配します。	Managers plan budgets and arrange suitable training for staff.
4. マネージャーはすべての労働安全衛生の責任が果たされているようにします。	Managers ensure that all work health and safety responsibilities are met.

☞ complement each other は「お互いを補足し合う」を表し、complementary food は「補助食品」のこと。

最後に、個人とグループ間の対人関係の問題解決法に関する質問です。

> **Q. What should be considered or kept in mind in resolving interpersonal problems between individuals or groups?**
>
> 個人またはグループ間の対人関係の問題を解決するために、何を考慮し、何を心に留めておくべきでしょうか。

この質問に関しては次のような答えが考えられます。

1. 対人関係においては親身になって話を聞くことの重要性を心に留めておくべきです。	You should bear in mind the importance of **empathetic listening** in interpersonal relationships.
2. 対人関係において、相互理解と尊敬を築く必要があります。	You should build **mutual understanding** and respect in interpersonal relationships.
3. 対人関係における問題には臨機応変に対処する必要があります。	You need to **deal resourcefully with** problems in interpersonal relationships.
4. 対人関係において、他者との妥協点を見出すようにしましょう。	You should try to reach a compromise with others in interpersonal relationships.

☞「～と妥協する」を表す表現は、reach[make] a compromise with ～ あるいは compromise with ～以外にも、meet ～ halfway がある。また、「～で妥協する」なら settle for や live with を使って、settle for the second best「次善の策で我慢する、2 位に甘んじる」、live with the decision「妥協して決定に従う」のようにいえるのでぜひ覚えておこう。

　以上で、「仕事・職場」に関する質問とレスポンスの技術とトレーニングは終了です。テンプレートを用いて、ぶっきらぼうにならず即座にレスポンスできるように、普段から音読や英作練習をしておきましょう。

Chapter 4

「レジャー・スポーツ・
アート・エンタメ」
スピーキング力 UP トレーニング

英会話において、余暇の過ごし方について話すことは多いのですが、それらは「休日の過ごし方」「リラックス法」「屋外スポーツ・レジャー活動」「ショッピング」「旅行」「映画鑑賞」など多岐にわたっています。また、趣味やレジャーに関する質問に対して、「なぜ好きか」「誰と、どこで、どれくらいの頻度で、どのように楽しむか」など、また、イベント系なら「いつ」「どこで」「どのようなことをするのか」などを言えるようにしておきましょう。よくある質問には次のようなものがあります。

❶ **How do you usually spend your holidays[weekends]?**
（休日［週末］はどのように過ごしますか）

❷ **What is your hobby?**
（趣味は何ですか）

❸ **What is the value of sports?**
（スポーツにはどのような価値がありますか）

❹ **Which type of movie do you prefer, serious movies or entertaining movies?**
（シリアスな映画と娯楽映画とではどちらのタイプが好きですか）

　質問によって公式（テンプレート）を覚えておくと的確な答え方ができるようになります。例えば、「もし〜するなら、どちらが好きですか」のような質問の場合を考えてみましょう。

Q. If you have the opportunity to visit a foreign country for two weeks, which country would you like to visit?
（2週間外国に行くとしたら、どの国に行きたいですか）

テンプレート①　数ある選択肢のうちの一番を述べる

① **Although there are many X I would like to Y, the very first on my list is Z.**

または

② **There are quite a few X that I want to Y (very much), but the one that comes[ranks] first on my list is Z.**

（Y したいXはたくさんありますが、一番YしたいのはZです）

このテンプレートを使えば、左ページの質問に以下のように答えることができます。

① Although there are many countries I would like to visit, the very first on my list is Spain.

② There are quite a few countries that I want to visit (very much), but the one that comes[ranks] first on my list is Spain.

このように、「訪れたい国はたくさんあるのですが」と言ってから、「一番行きたい国はスペインです」と続けるのは非常にわかりやすい話し方です。このテンプレートはぜひ覚えましょう！

それでは、次に、「AとBのどちらが好きですか」といった質問について、使えるテンプレートをご紹介します。食事のトピックを例にとって考えてみましょう。

Q. Which do you prefer, to eat at restaurants or prepare and eat food at home?（外食と自炊とどちらが好きですか）

■ **100% 確信があるとき**

Definitely X, because 〜.

（絶対に X です。なぜなら〜だからです）

■ **70% くらいの確信のとき**

I prefer X, because 〜.

I'd rather X（than Y）because 〜.

（X の方が好きで、理由は〜だからです）

このタイプの質問に対しては、絶対確信があるとき以外は、まず I prefer A, because 〜（A の方が好き。なぜなら〜だから）と答えるのがよいでしょう。

「理由」としては、次のようなものが考えられます。

「外食」の場合は、I prefer to eat out〔Definitely eating out〕, because
① 食事の準備や後片付けの手間を省けるからです。

（it saves the trouble to prepare meals and do the dishes.）
② 自分の料理の腕前を超えた料理を幅広く楽しむことができるからです。

（you can enjoy a wide variety of dishes which are beyond your culinary skill.）
③ レストランの雰囲気を楽しむことができるからです。

（you can enjoy the atmosphere of the restaurant.）

「自炊」の場合は、I prefer to prepare and eat at home〔Definitely preparing and eating at home〕, because
① 食費の削減になるからです。

（it saves the cost for meals.）
② 料理する楽しさがあるからです。

（you have the joy of cooking.）
③ 自分の好みに合った料理を作れるからです。

（you can cook a meal that suits your taste.）

このように、はっきりとした理由を持っていれば、どちらのスタンスでも述べることができますので、自分の考えに沿った方を覚えて音読練習をしてみてください。

　それでは、以上を踏まえて実戦練習をいたしましょう！　まずは「余暇・週末」に関する質問からまいります。

「余暇・週末」スピーキング力UPトレーニング
Holidays & Weekends

　休日・週末（**holiday and weekend**）をどのように過ごすのか、**どのく**
らいの休暇があるのか（**number of vacation days**）や**趣味**（**hobby**）は、
日常会話でも検定試験でも聞かれる機会が多いので、流暢に英語で説明できる
ようになっておきましょう。

▶ TRACK 48

Q. How do you usually spend your holidays?
　ふだん余暇をどのように過ごしますか。

1. 都会の慌ただしい生活から逃れるために、よくキャンプに行きます。	I often go camping to escape from the hustle and bastle of city life.

☞ a hustle and bastle of city life「都会生活の慌ただしさ」はぜひとも覚えておきたいフレーズ！

2. 気分転換するために、よく短期旅行に出かけます。	I often take a short trip to refresh myself.

☞ take a short trip[oversea trip]「短期旅行［海外旅行］をする」、他に travel both at home and abroad「国内や海外へ旅行に行く」も覚えよう！

3. 安くて便利なため、国内や近場の外国を時々旅行します。	I sometimes travel in Japan or to neighboring foreign countries because it is less expensive and more convenient.

☞ neighboring countries[cities]「近隣諸国［都市］」は使いやすい表現なのでぜひ覚えよう！

4. リラックスしてストレスを発散するために、よくヨガで瞑想します。	I often do yoga and meditation to relax and relieve stress.

☞ relieve stress「ストレスを発散させる」は、work off one's stress ともいえる。

5. ネット検索やゲーム、そしてYouTube を楽しむためにインターネットを使っています。	I usually use the Internet to enjoy netsurfing, games, and YouTube.
6. 地域のボランティア活動に参加することもあります。	I sometimes participate in volunteer work for the community.
7. 友人とよく日常の雑談をしています。	I often have a chat with my friends about everyday life.

☞ have a chat「おしゃべりをする」は、have a small talk「雑談する」に言い換え可能で共に必須表現。他に、window shopping「ウィンドーショッピング」、visit temples and shrines「寺院仏閣巡り」なども覚えておこう！

▶ TRACK 49

Q. Do you prefer relaxing at home or going out?
家でくつろぐのと外出するのとではどちらが好きですか。

1. その時の気分によります。	It depends on the mood I'm in.

☞「気分によって使い分ける」と言いたい場合に便利な表現！

2. 疲れ切っているときは、家でくつろぎます。	When I'm really stressed out, I relax at home.

☞ be stressed out「疲れ切っている」は be worn out ともいえる。

3. ストレスを発散するために外出します。	I would go out to work off my stress.

☞ work off one's stress「ストレスを発散する」は必須表現！

4. 気分転換するために外出します。	I would go out to refresh myself.

☞ refresh oneself「気分転換する」も必須表現！

5. 元気を取り戻すために外出してアウトドア活動を楽しみます。	I would go out to enjoy outdoor activities to recharge my batteries.

☞ recharge one's batteries「元気を取り戻す」はぜひ覚えたい重要表現。

▶ TRACK 50

Q. How much vacation time do you generally have?
概してどのくらいの休暇がありますか。

1. ふだんは年2回、夏と冬に1週間の休暇があります。	I usually have a one-week vacation twice a year, in summer and in winter.
2. 例年、5月に春休み、正月前後に冬休みをとっています。	I usually have a spring vacation in May and a winter vacation before and after the New Year.

☞「正月休み」は three days before and after the New Year（正月の前後3日）の表現も覚えておこう！

▶ TRACK 51

Q. Which do you prefer, planning or not planning for your leisure time?
余暇を計画的に過ごすことと、計画的に過ごさないことのどちらが好きですか。

　この質問にはテンプレート②（p.108）（I prefer ～, because ～）が使えそうですね。使ってみましょう！

■ 計画的に過ごす

テンプレートを使って言ってみよう！

1. 余暇は計画的に過ごす方が好きです。	**I prefer** to plan for leisure activities.
2. 時間とお金を最大限に効率よく使えるからです。	**Because** I can make the most of my time and money.

☞ make the most of ～「～を最大限に活用する」は必須表現！

3. また、リスクの要素を最小限にしたいからです。	Also, I want to minimize the element of risk.

☞ minimize the element of ～「～の要素を最小限にする」はぜひとも覚えてほしいフレーズ！

■ 無計画に過ごす

テンプレートを使って言ってみよう！

1. 余暇は計画的に過ごさない方が好きです。	**I prefer** not to plan for leisure activities.
2. より自由で柔軟なスケジュールを楽しむことができるからです。	**Because** I can enjoy more freedom and a flexible schedule.

☞ enjoy more freedom「より自由を楽しむ」は無計画の最大のメリット！

3. また、予測不可能な要素を楽しみたいからです。	Also, I want to enjoy the element of unpredictability.

☞ the element of unpredictability は「予測不可能な要素」。

▶ TRACK 52

Q. Do you think your weekends are long enough to recharge your batteries?

週末は元気を取り戻すのに十分長いと思いますか。

■ Yes の場合

1. はい。十分長いです。	Yes, I think so.
2. 週末はやりたいことをして、活力を取り戻すのに十分長いです。	My weekends are long enough to relax and recover my strength.

☞ 質問文の recharge your batteries「元気を取り戻す」をそのまま使わずに recover one's strength と言い換えて答える練習をしよう！

■ No の場合

1. いいえ。ハードワークによる疲れを回復させるには十分な長さとは思いません。	No, I don't think it is long enough to recover from fatigue due to hard work.

☞ recover from fatigue「疲労から回復する」はぜひ覚えたいフレーズ！

2. 溜まった家事さえする時間がありません。	I don't even have the time to catch up on my housework.

☞ catch up on housework「溜まった家事を片付ける」はぜひ覚えてほしいフレーズ！

▶ TRACK 53

Q. What is the best holiday you have ever had?

今まで経験した最高の休暇はどのようなものですか。

テンプレートを使って言ってみよう！

1. 最高の休日は、和歌山県の世界遺産へ旅した日です。	**The best holiday was the day when I** traveled to a world heritage site in Wakayama.

☞「最高の休日は〜した日です」は The best holiday was the day when I 〜と いえる。p.18のテンプレート②のバリエーションを使おう！

| 2. 手つかずの自然に囲まれた露天風呂に入りました。 | I took an open-air bath surrounded by unspoiled nature. |
| 3. 旅館で地元のおいしい特産物を食べました。 | I enjoyed delicious local specialties at a Japanese-style hotel. |

☞ open-air「野外の」は an open-air concert「野外コンサート」などにも使える汎用性の高い形容詞！ ホテルのタイプとしては a family-run inn「民宿」、a small Western-style inn「ペンション」なども押さえておこう。local specialties「地元の特産物」は local delicacies と言い換え可能。

▶ TRACK 54

Q. What is your hobby or interest?

趣味や関心事は何ですか。

| 1. 私の趣味はエキゾチックな場所への旅行です。未知の場所を探検するのが大好きだからです。 | My favorite hobby is traveling to exotic places because I love to explore unfamiliar places. |

☞ explore unfamiliar places「未知の場所を探検する」。the call of the unknown「未知なるものの魅力」なども覚えておこう！

| 2. スキューバダイビングやシュノーケリングのようなマリンスポーツに夢中です。 | I'm into marine sports like scuba diving and snorkeling. |

☞ be into ～「～に夢中になっている」はぜひとも覚えておきたいフレーズ！

3. 最近の趣味は、ギターを弾くのを習うことです。	My recent craze is learning to play the guitar.
4. それは仕事のストレスと不安を解消する良い解毒剤になっていると思います。	I think it's a good antidote to my work stress and anxiety.
5. ギターを弾くと、仕事のストレスが緩和されます。	Playing the guitar provides a relief from work stress.

☞ one's recent craze「最近熱中していること」、an antidote to ～「～に対する解毒剤」、provide a relief from ～「～が緩和される」は覚えてほしい表現。

Q. Why do you need a hobby?

なぜあなたには趣味が必要なのですか。

1. 生活を活気づけて、ストレスを解消するために趣味が必要です。	I need a hobby to spice up my life and relieve my stress.

☞ spice up one's life「生活に心地よい新鮮味を与える」

2. 精神的に元気でいるために人生の中で新たに挑戦するものを持ちたいと思います。	I want some new challenges in my life to keep me uplifted.

☞ keep one uplifted「精神的に元気でい続ける」

3. 趣味は単調な日常を打破するのに役立っています。	It helps you break the monotony of daily life.

☞ break the monotony of daily life は「単調な日常を打破する」という意味の重要表現。

2

「スポーツ」スピーキング力UPトレーニング
Sports

スポーツが好きかどうか、スポーツをする頻度（**frequency of playing sports**）、スポーツの利点（**benefits of sports**）などについてどう思うかは、健康意識が高まる中で、ますます話す機会が増えています。それぞれ明確な理由をつけて説明できるようになっておきましょう。

▶ TRACK 56

> **Q. Do you like playing sports?**
>
> あなたはスポーツをするのが好きですか。

■ Yesの場合

一般的な答えは次のようなものです。

1. はい。健康維持とストレス発散のために、友人とテニスをすることが好きです。	Yes. I like playing tennis with my friends to stay fit and work off my stress.

☞ stay fit「健康を維持する」は必須表現！

また、ジャズダンスの場合は次のようになります。

2. はい。スタジオでクラスメートとジャズダンスをするのが好きです。	Yes. I like to take a jazz dance with my classmates at the studio.
3. ジャズダンサーの優雅な動きに魅了されました。	I was mesmerized by the graceful movement of jazz dancers.
4. 元気が出るし視覚的に魅力的なので、大好きです。	I love it because it is energizing and visually appealing.

☞ be mesmerized by ～「～に魅了される」、graceful movement of ～「～の優雅な動き」、visually appealing「視覚的に魅力的な」はぜひ覚えよう！　他に、団体スポーツを好む場合の理由は、feel a sense of solidarity「連帯感を感じる」を使ってみよう！

■ No の場合

1. いいえ。私は運動神経が鈍いので、他の人とスポーツをするのが恥ずかしいです。	No. It's embarrassing to play sports with other people because I have slow reflexes.

☞ it is embarrassing to ~「~するのが恥ずかしい」、have slow reflexes「運動神経が鈍い」の他、have poor coordination「バランス感覚が悪い」も重要。

2. いいえ。運動をした後は疲れて汗をかくので、スポーツをするのは好きではありません。	No. I don't like playing sports because I get tired and sweaty after athletic activities.

☞ get sweaty「汗をかく」、athletic activity「運動」。他に my hair gets messed up「髪が乱れる」、get sunburned「日焼けする」などの表現も使ってみよう！

▶ TRACK 57

Q. How often do you play sports?
あなたはどのくらいの頻度で運動をしますか。

■ 全くしない場合

スポーツをする時間がないので、まったく運動をしません。	I don't exercise at all because I don't have enough time to play sports.

☞ 他に「体を動かすのが苦手」は I hate exercise.

■ 週に何回かする場合

1. 健康を維持し、体重を減らすために週に1度歩く程度です。	I just walk once a week to stay fit and lose weight.

☞ 他に、I'm on a diet. は「ダイエット中である」、physical fitness は「体の健康・体力」、brain fitness [training] は「ボケ防止・脳トレ」。

2. 体力維持のために定期的に運動します。	I exercise regularly to maintain my physical strength.

■ 頻度が決まっていない場合

1. 仕事の状況によります。	It depends on my work schedule.
2. 仕事の後、たっぷり時間のある時は週2、3回泳ぎに行きます。	If I have plenty of time after work, I go swimming two or three times a week.
3. 時間がほとんどない時は、階段を使い、行きたい所の最寄り駅より1駅手前で降りたりします。	If I have little time, I take the stairs and get off one station before the nearest station to the destination.

☞ get off one station before 〜「〜の1駅手前で降りる」

▶ TRACK 58

Q. Have you ever taken part in a sports competition?
スポーツ競技会に参加したことはありますか。

1. はい。大学生のとき、いくつかテニスのトーナメントに参加しました。	Yes. I participated in some tennis tournaments when I was in college.
2. 友人と、決勝トーナメントに出るために毎日練習しました。	I practiced every day with my friends to participate in the final tournament.
3. それは有意義な［実りある、充実した］経験でした。	It was a meaningful [productive / fulfilling] experience.

☞ a meaningful experience「有意義な経験」は、productive[fulfilling] experience に言い換え可能。これらはどれも「充実した経験」と言いたいときに使えるフレーズ！

▶ TRACK 59

Q. Do you enjoy dancing?
踊るのは好きですか。

■ Yesの場合

1. はい。私はダンスに夢中で、ダンスの練習をして過ごすことが大好きです。	Yes. I'm **crazy about** dancing and I love to spend my time on dance practice.

☞ be crazy[passionate] about ～ と be keen on ～は「～に夢中である」の必須表現。

2. ダンスのステップを練習しているとき、ストレスや不安から完全に解放されます。	When I practice dance steps, I **am completely free from stress and anxiety**.

☞ be free from ～「～から解放される」、他に work off stress「ストレスを発散する」、refreshing「気分転換になる」も併せて覚えよう！

■ Noの場合

　ここで少しこの問題を使ってロジカルに答えることの確認をいたしましょう。

No. I'm not interested in dancing myself because I haven't learned how to dance.
（いいえ。踊り方を習ったことがないので、自分で踊ることには興味がありません）
この答え方は間違いです。ロジックがない例の典型ですが、何が間違っているのか考えてみてください。
　＊　踊ることに興味がない→踊り方を習ったことがない→だったら教えてあげるからやってみたら？　というのがネイティブの感覚で、論理的な理由と思われないためここで because を使ってはいけません。
　＊　踊ることに興味がない→疲れるから、汗をかくのが嫌、体を動かすのが苦手で人前で踊るのは恥ずかしい、ならば論理的な理由になります。
以下の答えを参考にしてみてください。

1. いいえ。踊ると疲れて汗をかくので、踊ることは好きではありません。	No. I don't like dancing myself because I get tired and sweaty after dancing.
2. 私は運動神経が鈍いので、他の人と踊るのは恥ずかしいです。	It's embarrassing to dance with other people because I have slow reflexes.

いかがですか。このように答えると、「好きでない・興味がない」理由がロジカルに表現できていますね！

それでは、次の質問は少し難しいですが、続けて考えてみましょう！

▶ TRACK 60

Q. What do you think is the value of sports for children?
子供にとってスポーツはどのような価値があると思いますか。

1. スポーツは子供の体の成長を促進し、体力を養うことができると思います。	I think sports can stimulate children's physical growth and build up their physical strength.

☞ build up physical strength「体力をつける」

2. スポーツは、ストレスを解消し、うつを防ぎ、心の健康につながります。	I think sports contribute to mental health, relieving stress and preventing depression.

☞ mental health「心の健康、安定」は必須表現！

3. スポーツは、協調性と社交術を育むと思います。	I think sports develop a team spirit and social skills.

☞ develop a team spirit「協調性、チームスピリットを発達させる」、social skills「社交術、社会的スキル」

4. スポーツは、子供たちの心に規律、忍耐力、自信を与えることで人格を形成することができると思います。	I think sports can build character by instilling discipline, perseverance, and confidence in children's minds.

☞ build[develop] character「人格を形成する」は必須表現。discipline「規律」、perseverance「忍耐力」、confidence「自信」はぜひとも覚えておこう！

大人になって運動をしない人は約半数にも上ります。研究によると、その主な理由は子供の頃に苦手意識を持ったことだそうです。苦手意識を持たずに育

つと、一生スポーツを楽しんで健康維持に貢献するので、子供の頃のスポーツ体験は非常に重要です。そんなことも続けて話せるといいですね！

　それでは次は「映画・テレビ」について話せるように練習してまいりましょう！

3 「映画・テレビ」スピーキング力UPトレーニング
Movies and Television

　今やインターネットで映画やテレビ番組はもちろん、その他様々な映像が時間や場所を選ばず視聴できるようになりました。そんな中、**好きなテレビ番組（your favorite TV programs）**や**印象に残った映画（the most impressive movie）**の話題以外に、**映画は家で見るか映画館で見るか、テレビを見る時間は増えたか減ったか**など、映画やテレビの視聴に関する変化が話題になることが多くなっていますので、それらを英語で説明できるようにしておきましょう。

▶ TRACK 61

> **Q. Which television channel do you usually watch?**
> あなたは普段、どのテレビチャンネルを見ますか。

1.「人体」や「ワイルド・ライフ」のような教育番組をよく見ます。	I often watch educational programs such as "The Mystery of the Human Body" and "Wild Life."
2. 本物で興味深い情報を与えてくれるドキュメンタリーに非常に興味があります。	I have a keen curiosity about documentaries which provide authentic and stimulating information.

☞ have a keen curiosity about ~「~に特に興味がある」、authentic information「本物の情報」。他に、a singing competition「歌唱コンテスト」、a serial drama「連続ドラマ」なども覚えておこう！

▶ TRACK 62

> **Q. What film or TV program impressed you a lot?**
> 印象に残った映画やテレビ番組は何ですか。

1. 毎年恒例の「M1 グランプリ」という漫才コンテストに強烈な印象を受けました。	The annual *Manzai* comedy competition program called "M-1 Grand Prix" made a strong impression on me.

☞ make a strong impression on 〜「〜に強烈な印象を与える」は必須表現！これは deeply impressed 〜 に言い換えが可能！

2. あまりにも面白かったので、慌ただしい一日のあと、お腹を抱えて笑いました。	It was so funny I split my sides after a hectic day.

☞ split one's sides は、have a belly laugh「お腹を抱えて笑う」と言い換え可能。他に、crack up [guffaw]「爆笑する」も覚えておこう。

3. 出場者の用いたオチは本当に面白かったです。	The punch lines used by the contestants were really hilarious.

☞ punch line「（ジョークの）オチ」。hilarious は extremely funny「ムチャクチャ面白い」の意味の重要表現。

▶ TRACK 63

Q. Which would you prefer, watching a movie at a movie theater or at home?

あなたは映画を映画館で見るのと家で見るのと、どちらが好きですか。

この質問にもテンプレート②（I prefer 〜, because 〜 など）が使えます。では、さっそく練習してみましょう！

テンプレートを使って言ってみよう！

■ 100% 確信があるとき

絶対に映画館がいいです。	**Definitely** at a movie theater.

■ 70%くらいの確信のとき

1. どちらかといえば映画館で見る方が好きです。	**I would prefer** to watch a movie at a movie theater.
2. 気分を変えられるので映画館で見る方が好きです。	**I'd rather** go to the movies[cinema] for a change of air.

☞ a change of air[pace]「気分転換」は必須表現！

3. 映画館で映画を見るのは気分転換になります。	It is refreshing to watch a movie at the movie theater.

☞ refreshing「気分転換になる」、他に stimulating「刺激的である」、something different from monotonous daily life「単調な日常と何か違うこと」、It's energizing and stimulating.「元気と刺激を与えてくれる」なども使ってみよう！

4. 映画館の大きな画面、3D、サラウンドサウンドなど、より臨場感を感じられるものがいいと思います。	I prefer big screens, 3D, and surround sound at the movie theater that give me a more realistic feeling.

☞ give a realistic feeling は「臨場感を与える」で、give a feeling of actually being there ともいう。

■ 家で見る方が好きな場合

1. どちらかと言えば家で見る方が好きです。	**I would prefer** to watch a movie at home.
2. 家だと家族と一緒に、食べたりしゃべったりしながら映画を見ることができます。	I can watch a movie at home while eating and chatting with my family.
3. 家で映画を見る方が安いです。	It's cheaper to watch a movie at home.

Q. Which type of movies do you prefer, serious movies designed to make the audience think or movies designed to amuse and entertain the audience?

観客に考えさせるようなシリアスな映画と観客を楽しませるような映画とではどちらのタイプが好きですか。

テンプレートを使って言ってみよう!

1. シリアスな映画の方が好きです。反省材料や内省する機会を与えてくれるからです。	I would rather watch serious movies because they give you food for thought and a chance for soul-searching.

☞ soul-searching 「動機や真意などを探ること」、food for thought 「反省材料」はぜひとも覚えておこう!

2. 人生を考えさせられるのでシリアスな映画の方が好きです。	I would rather watch serious movies because they are thought-provoking.

☞ thought-provoking [enlightening] 「人生を考えさせる」もぜひ覚えよう。

3. 娯楽映画の方が好きです。ストレスが解消され元気が出るからです。	I prefer entertaining movies because watching them will relieve my stress and recharge my batteries.

☞ relieve one's stress and recharge one's batteries 「ストレスが解消されて元気が出る」。

Q. Do you think you will watch more TV programs or fewer TV programs in the future?

今後、テレビ番組を見る機会が増えると思いますか、それとも減ると思いますか。

■ テレビ番組を見る機会が増える場合

1. 見るテレビ番組は増えると思います。インターネット上で、好みのテレビ番組をいつでも見ることができるからです。	I think I will watch more TV programs because I can watch my favorite TV programs on the Internet anytime I want to.
2. インターネット上で非常に幅広い種類のテレビ番組を提供してくれるので、私を含め多くの人がAmazonTVやNetflixにはまっているに違いありません。	Many people including me must **be addicted to** Amazon TV or Netflix as they provide a wider variety of TV programs on the Internet.

☞ be addicted to ～「～にはまっている（中毒になっている）」は必須表現なので覚えておこう！

■ テレビ番組を見る機会が減る場合

1. 生活が慌ただしくなるのでテレビ番組を見る回数は減るだろうと思います。	I think that I will watch fewer TV programs because my life will be **hectic**.

☞ hectic は「メチャクチャ忙しい」。

2. YouTubeやTiktokなどのウェブサイトは、テレビ番組よりも魅力的なので、テレビ番組を見る回数は減るだろうと思います。	I think that I will watch fewer TV programs because websites like YouTube or Tiktok are more attractive to me than TV programs.

4

「音楽・美術・写真」スピーキング力UPトレーニング
Music, Art, and Photos

　カラオケは世界大会が催されるまでグローバルになりました。アニメの影響でアニメソング（anime songs）を歌うのも大人気です。そんな中、**「歌うのは好きですか」**と聞かれることは多く、また、**好きな音楽のジャンル（favorite music genre）**について話す機会がますます増えています。また、スマホのカメラは性能も機能も向上し、写真についての話題も増えてきました。それらを説明できる英語力を身につけておきましょう。

▶ TRACK 66

Q. What type of music do you like to listen to?
どのような音楽を聴くのが好きですか。

1. 気分によって様々な音楽を聴くことが好きです。	I like to listen to a variety of music, **depending on the mood I'm in**.

☞ depending on the mood I'm in「気分によって」

2. 時々、元気を出すために軽快なポップミュージックを聴きます。	Sometimes I listen to lively pop music to cheer me up.

☞ to 以下はこの他、when I'm in the car with my friends「友人と車に乗っているとき」や、when I don't need to focus「集中しなくてもいいときに」なども考えられる。

3. ロックミュージックを聴いて自分に気合いを入れます。	I listen to rock music to **fire me up**.

☞ fire up「気合いを入れる」もぜひ覚えておこう！

| 4. リラックスしたいときはクラシック音楽を聴くときもあります。 | Other times, I listen to classical music to relax. |

☞ 音楽のジャンルは他に jazz「ジャズ」、fusion「フュージョン」、hip-hop「ヒップホップ」なども覚えよう。

▶ TRACK 67

Q. Do you like singing now?

あなたは歌うことが好きですか。

■ Yesの場合

| 1. はい、でも歌唱力は高くありません。 | Yes, but I don't **have a good singing voice**. |

☞ have a good singing voice「歌唱力が高い」

| 2. 音痴なのが残念ですが、それでも歌うことはやめられません。 | I'm afraid I can't **carry a tune**, but that doesn't stop me from singing. |
| 3. 歌うことは私にとって、ストレス発散に一番良い方法です。 | Singing is the best way for me to relieve stress. |

☞ carry a tune「正確に歌う」

■ Noの場合

| 1. いいえ、音痴なので、みんなの前で歌うのは恥ずかしいです。 | No, it's embarrassing to sing in public, because I'm **tone-deaf**. |

☞ tone-deaf「音痴な」も覚えよう！

| 2. 私はあまり歌うことが得意ではありません。 | Well, **I'm not much of a singer**. |

☞ I'm not much of ~ は「苦手である」ことを表す必須表現！

Q. Have you ever learned to play a musical instrument?
楽器を習ったことはありますか。

■ Yes の場合

はい、5歳の頃、ピアノを習っていました。	Yes, I used to take piano lessons when I was five years old.

■ No の場合

1. いいえ、若い頃にギターを習っておけばよかったといつも思います。	No, I always wish I had learned how to play the guitar when I was young.

☞ I wish I had ~. は「~をしておけばよかった」「今になってみれば~しておいたらよかった」と後悔したときに使う必須表現！

2. いいえ、私には習う機会がありませんでした。	No, I didn't have a chance to learn one.
3. 両親は、楽器の演奏よりも学業の方が重要だと、いつも言っています。	My parents always say schoolwork is more important than playing a musical instrument.

☞ schoolwork「学業」

▶ TRACK 69

Q. What musical instrument do you like listening to the most?
どの楽器を聞くのが一番好きですか。

この質問にはテンプレート①（p.107）（There are quite a few X ~, but the one that comes first on my list is Z）が使えそうですね。

テンプレートを使って言ってみよう！

1. 私の周りには好きな楽器がたくさんありますが、一番好きなのはピアノです。	**There are quite a few** favorite musical instruments around me, **but the one that comes first on my list is** the piano.

☞ The piano fascinates me the most by its sound. 「ピアノの音に一番惹かれます」と表現することもできる。

2. 美しいピアノの音色は、忙しい1日の疲れを癒してくれます。	Beautiful piano sounds help me unwind after a busy day.

☞ unwind「くつろぐ」は relax に言い換え可能！ 他に inspiring「元気づける」、appeal to me the most「（音楽などが）最もハートを魅了する」などの表現も使える！

▶ TRACK 70

Q. Is music important to you?

音楽はあなたにとって大切ですか。

1. はい、音楽は人生を豊かにしてくれるので、私の人生には必要不可欠なものです。	Yes, music is essential for my life because it enriches my life.

☞ enrich one's life「人生を豊かにする」は必須表現！ enhance the quality of life と言い換えが可能！ 他に、lift up one's spirit、enhance motivation「やる気を起こさせる」もぜひ覚えよう！ because の後に形容詞を使って、it is entertaining[inspiring].「喜びや楽しみを与えてくれる［やる気を起こさせる］」と表現することも可能。

2. 音楽は心身に癒し効果があります。	Music has a healing effect on mind and body.

☞ a healing effect「癒し効果」は、therapeutic effects と言い換え可能！

Q. What do you think is the role of music in society?
社会における音楽の役割とはなんだと思いますか。

1. 音楽には、ストレス軽減やアンチエイジングなどの治療効果があるため、人の健康を促進することができます。	Music can promote human health because of its therapeutic effects including stress reduction and anti-aging.

☞ promote human health「人の健康を促進する」はぜひとも覚えておきたいフレーズ！ therapeutic effects「治療効果」も覚えておこう！

2. 音楽は人に大きな感動を与え、人生をより良く変えることができます。	Music can greatly inspire people and change their lives for the better.

☞ inspire people「人々を鼓舞する、大きな感動を与える」はぜひとも覚えておきたいフレーズ！ 他に enrich one's spirits「心を豊かにする」、bring happiness to one's life「生活に幸福をもたらす」も必須表現。

3. 音楽はその普遍的な魅力によって共感を呼び起こし、国籍や文化の違いを超えて人々の心を一つにします。	Music, with its universal appeal, will evoke sympathy and unite people beyond national and cultural differences.

☞ evoke sympathy「共感を呼び起こす」はぜひとも覚えておきたいフレーズ！ 他に unite people「人々を結びつける」も必須表現。

4. 音楽は職場の生産性を向上させ、店舗やレストランの集客を増やすことができます。	Music can improve productivity in the workplace and attract more customers to stores and restaurants.

☞ improve productivity「生産性を高める」、attract more customers「より多くの客を惹きつける」は必須表現。

5. 音楽は、知性や創造性を高め、心の成長に良い影響を及ぼします。	Music has positive effects on mental development, enhancing intelligence and creativity.

☞ have positive effects「良い影響を与える」は必須表現！ enhance intelligence and creativity「知性と創造性を高める」はぜひとも覚えたいフレーズ。

Q. When was the last time you went to an art gallery or exhibition?

最後に画廊や美術展に行ったのはいつですか。

「強調構文」を使おう！

1. 最後に美術展に行ったのは約3ヵ月前です。	It was about three months ago that I last went to an art exhibition.
2. イスラエル美術館での印象派の展覧会でした。	It was the Impressionists' exhibition at the Israel Museum.
3. 友人が連れて行ってくれたとき、活気に満ちたすばらしい展示に感動しました。	When my friend took me there, I was so impressed by the vibrant and inspiring exhibition.

☞「いつですか」という質問には、まず相手の一番欲しい情報：it was about three months ago から始めるのが、相手の興味を逸らさず点数アップの秘訣。Impressionist「印象派」は必須表現！他に Realism [Cubist / Surrealist] painters「写実主義 [キュービズム、シュールレアリスム] の画家」も覚えよう！

Q. What type of photos do you like taking?

どのような写真を撮るのが好きですか。

1. 自然の景色と動物の写真を撮るのが大好きです。	I'm crazy about taking pictures of natural scenery and animals.

☞ natural scenery「自然の景観」は natural landscapes と言い換え可能！

町の景観や人物を撮るのが好きな場合は、次のように言ってみましょう。

2. 近所の散歩や観光旅行をしている最中に、町の景観や地域の人々をよく撮ります。	When I'm walking in the neighborhood or traveling to local scenic spots, I often take pictures of the townscape and people there.

☞ townscape は「町の景観」、urban landscapes なら「都市の景観」。この他 autumn foliage「紅葉」なども使ってみよう！

5 「アウトドア・ゲーム・ギャンブル」スピーキング力UPトレーニング
Outdoor Activities, Computer Games, and Gambling

　アウトドア、コンピューターゲーム、ギャンブルは世界的に人気があり、日常会話と検定試験でよく話題になります。「どのようなものを楽しんでいるか」「なぜ好きなのか」について流暢に英語で説明できるようになっておきましょう。

▶ TRACK 74

> **Q. What do you enjoy doing when you visit rivers, lakes, or the sea?**
> 川や湖、海を訪れたとき、どのようなことを楽しみますか。

1. 海での私のお気に入りのアクティビティは水泳とサーフィンです。	My favorite activity on the sea is swimming and surfing.
2. 水泳は高価な用具を必要としない比較的簡単なスポーツです。	Swimming is a relatively easy sport which doesn't require **costly equipment**.

☞ costly equipment「高価な用具」

3. それはまた、全身のトレーニングになるので、私たちの健康に非常に有益です。	It's also extremely beneficial to our health because it is a **full-body workout**.

☞ full-body workout「全身トレーニング」はぜひ覚えておきたいフレーズ！

4. きれいな海では、色とりどりの魚とサンゴ礁を見るためにシュノーケルをするのが好きです。	In the beautiful sea, I like snorkelling to see colorful fish and coral reefs.

☞ snorkelling「シュノーケル」。他に海では scuba-diving「スキューバダイビング」、surfing「サーフィン」、川では kayaking「カヤック」、conoeing「カヌー」なども使える。

5. 森の中の川では、釣りをして、釣りたての魚を食べることが楽しみです。	I enjoy fishing in rivers in the forest and eating **freshly caught fish**.

☞ freshly caught fish「釣りたての魚」。freshly は freshly blewed coffee「入れたてのコーヒー」、a freshly ironed shirt「アイロンをかけたてのシャツ」のように使える。

▶ TRACK 75

Q. What kind of entertainment do you like?
どんなエンタメが好きですか。

■ 映画の場合

1. 忙しい1週間が終わってリラックスするために、映画を見ることが好きです。	I like watching movies **to unwind** after a busy week.

☞ unwind だけでも「リラックスする」だが、unwind oneself は「ストレスや緊張でぐるぐる巻きになっている自分自身をほどく」ニュアンスが加わる、活き活きとした表現！ 映画のジャンルには、romance movies「恋愛映画」、action movies「アクション」、science fiction movies「SF」、horror movies「ホラー」、teen movies「青春映画」などがある。

2. インターネットのおかげで普段は Netflix で好きな映画を見ています。	Thanks to the Internet, I usually watch my favorite movies on Netflix.

■ コンサート・ミュージカルの場合

1. お気に入りの劇団のライブコンサートやミュージカルが好きです。	I like live concerts and musicals performed by my favorite theater troupes.

☞ a theater troupe「劇団」、the Takarazuka revue「宝塚歌劇」も覚えよう！

2. とても人気があるので、5ヵ月前にチケットを予約する必要があります。	They are so popular that I have to reserve a ticket **five months in advance**.

☞ in advance「前もって」

3. チケットが取れたら、公演を心待ちにする日々を送ることができます。	Once I get the ticket, I can spend my days eagerly waiting for the concert.

■ ゲームの場合

1. コンピューターゲーム、特に「ファイナルファンタジー」シリーズなどのロールプレイングゲームをするのが大好きです。	I love playing computer games, especially role-playing games such as "the Final Fantasy" series.

☞ role-playing games「ロールプレイングゲーム」は略語で RPG と表現することも多い。

2. 好きな点は、架空の人物になりきって、ストーリーを作ったり追ったりするところです。	**What I like about them is that** I play the roles of fictional characters and create or follow stories.

☞ 太字部分は、I like them because I play ～ とも言い換え可能。

3. また、音楽の美しさ、3D映像、そして魅力的なプロットの組み合わせに惹きつけられます。	Also, **I'm fascinated by** the combination of beautiful music, 3D images, and an intriguing plot.

☞ be fascinated by ～「～に魅了される」は必須表現。an intriguing plot「興味をそそるストーリーの筋」は an interesting[fascinating] plot に言い換え可能。

Q. What kind of computer games do you enjoy?

どんなゲームを楽しみますか。

1.「リングフィットアドベンチャー」のような双方向のゲームを楽しんでいます。	I enjoy interactive games such as "Ring Fit Adventure" for fun.
2. 魔物を倒すゲームを楽しみながら走ったり、スクワットをしたり、ストレッチをするのでリラックスと健康維持に役立ちます。	I run, squat, and stretch while I enjoy defeating monsters in the game, which makes me relaxed and fit.

☞ an interactive game「双方向型ゲーム」

Q. Do you enjoy gambling?

ギャンブルをしますか。

1. はい、時々宝くじを買ったり、週末には競馬を楽しんでいます。	Yes, I sometimes buy lottery-tickets and enjoy horse racing on weekends.

☞ lottery「宝くじ」の他にも、horse[bike / boat] racing「競馬［競輪、競艇］」、pachinko[Japanese pinball]「パチンコ」、casino「カジノ」、online casino「オンラインカジノ」も覚えよう！

2. いいえ。興味がないのでギャンブルは全くしません。	No. I don't do gambling at all because I'm not interested in it.

Q. What are the pros and cons of gambling?

ギャンブルの長所と短所は何ですか。

1. 政府がギャンブルから税収を得るというメリットがあると思います。	I think the benefit is that the government **gains tax revenue** from gambling.
2. それはインフラの構築や教育などの公共事業に割り当てられます。	It is allocated to public services including **infrastructure building** and education.

☞ gain tax revenue「税収を得る」、infrastructure building「インフラの構築」

3. ギャンブルは地元の人々に雇用の機会を提供し、それによって地域経済の発展につながります。	Gambling can **provide employment opportunities** to local people, thus contributing to the development of the local economy.

☞ provide employment opportunities「雇用の機会を提供する」、contribute to the development of the local economy「地域経済の発展に貢献する」

4. ギャンブルはほどほどにするならば健全な娯楽であり、人々に希望、興奮、そして時には賞金をもたらします。	Gambling in moderation can be a healthy pastime, giving people hope, excitement, and even occasional monetary gains.

☞ gambling in moderation「適度なギャンブル」、a healthy pastime「健康的な娯楽」

次に cons（短所）について考えてみましょう。

5. ギャンブルは中毒性があり、人々の心身の健康を害し、うつ病や健康上の問題を引き起こす可能性があります。	**Gambling can be addictive** and harmful to people's mental and physical health, causing depression and health problems.

☞ gambling can be addictive「ギャンブルは中毒性がある」

| 6. 依存症は、仕事や家庭の人間関係を失い、自分や家族の人生を台無しにする可能性があります。 | Addiction **can wreak havoc on** the lives of gamblers and their families, costing them jobs and family relationships. |

☞ can wreak havoc on 〜「〜を台無しにしうる」は、cause great damage to 〜と言い換え可能。

| 7. 賭け事をする人の中には、借金返済やギャンブルをしたいという強い欲望を満たすために犯罪に走る人もいます。 | Some gamblers commit a crime to pay their debts and try to **satisfy their compulsive desire for** gambling. |

☞ pay one's debts「借金を返済する」、satisfy one's compulsive desire for 〜「〜に対する強い欲求を満たす」

Chapter 5

「人物・人間関係」
スピーキング力 UP トレーニング

人物に関するトピックは、**先生、家族（親）、歴史上の人物、友人、同僚、上司、隣人、有名人（スポーツ選手、映画俳優など）、旅で出会った人、ホームタウンの人**と多岐にわたっています。また、「どんな人物か（特徴：長所と短所など）」だけでなく、「どのような関係か」「どうやって知り合ったか」、尊敬する人物・偉人などの場合は「何をした人なのか」「なぜ尊敬するのか」などが重要で、その人物を**ポジティブな表現で説明**できるようにしておきましょう。また、**その人とのエピソードや思い出などのストーリー**も考えておくとよいでしょう。それから、「**友人観**」「**組織の意義**」および「**リーダーの資質**」などについても語れるようにしましょう。

この分野で最も重要なトピックは、家族の特徴（characteristics of my family）と家族との関係（family relations）です。次によく聞かれる質問は友人の特徴（characteristics of my friends）、友人関係、家族と友人以外の人（先生、同僚、隣人）との関係、偉人・有名人の特徴です。

では以下のような質問にうまく答えられるようにトレーニングしていきましょう。

❶ **Who is your best friend?**（あなたの親友は誰ですか）

❷ **What do you think makes a good teacher?**
   （優れた教師の資質とは何だと思いますか）

❸ **Do you think it is important to have a good relationship with your neighbors?**（近所づきあいは重要だと思いますか）

❹ **Do you still keep in touch with friends from primary school?**
   （小学生のころの友達と今でも交流がありますか）

❺ **Describe the person you respect（most）/ the person who had the most profound influence on your life.**（[最も]尊敬する人物、あるいは人生で最も影響を受けた人物について描写してください）

最後のトピックでは、対象を「先生」にしたり、なりたい人や会いたい人であれば「歴史上の人物」か「有名人」にしたりして話すことができます。いずれにしても、まずその人物のポジティブな特徴を2点選んで「名詞・形容詞

で概念化」するための表現を身につけておく必要があります。そしてその後に、それを裏付ける例（行動など）を述べていきましょう。

　ではここで、人物・人間関係のトピックについて例文練習をする前に、キーアイデア（ポイント）を考えるトレーニングを行いたいと思います。各質問・トピックに関してポイントを考えてみてください。

「友人からお金を借りると友情が壊れると思いますか」
Q. Do you agree that borrowing money from a friend can harm or damage the friendship?
―「金額による」として、少額なら問題ないが、多額だと返せないためにその可能性があると述べることができます。

「少数の親友と過ごすことと大勢の友達と過ごすことでは、どちらが好きですか」
Q. Which way of spending time do you prefer, spending time with one or two close friends or a large number of friends?
―前者は「heart-to-heart communication（心と心のコミュニケーション）、deepen friendship（友情を深めることができる）」などが言え、後者の場合は「視野の拡大、ネットワーキング」などのメリットを述べることができます。

「第一印象はあてになると思いますか」
Q. Which attitude do you agree with, trusting their first impressions about a person's character or avoiding judging a person's character quickly?
―初めて会ったときの conditions や、表面を繕うこと（façade）の可能性を指摘すれば後者のスタンス（すぐに人格を判断するのは避ける）になります。

「隣人はどうあるべきだと思いますか」
Q. What are the qualities of a good neighbor?
―considerate［friendly］toward neighbors（思いやりを持つ）、not prying（詮索好きでない）などを述べればいいでしょう。

次に、「自分と異なるタイプの友人と似たタイプの友人とでは、どちらがいいか」のトピックで考えてみましょう。

Q. Some people choose friends who are different from themselves. Others choose friends who are similar to themselves. Compare the advantages of having friends who are different from you with the advantages of having friends who are similar to you. Which kind of friend do you prefer for yourself? Why?

（友人として自分と異なるタイプを選ぶ人と似たタイプを選ぶ人がいます。両者の利点を比較し、自分の好みと理由を述べてください）

「異なるタイプがいい場合」のキーアイデアとしては、以下のようなものが考えられます。

1. （精神的）視野が広がる（**It will broaden your 〔mental〕 horizons**）。
2. 人生への刺激がある（**It will spice up your life**）。
3. 足りない部分を補い合える（**You and your friend can make up for each other's weaknesses**）。
4. 対人関係処理能力を伸ばす（**It will develop your people skills**）。
   （異なるタイプの人との意見や好みの不一致を乗り越えようとするため）

「似たタイプがいい場合」のキーアイデアとしては、以下のものが考えられます。

1. コミュニケーションがスムーズで衝突も少ない（**It will make for smooth communication and generate fewer conflicts in relationships**）。
2. 分かち合えるものが多いので楽しい（**It will make your life more enjoyable because you share a lot of common interests with your friends**）。
3. 多くのものをシェアできるので、お金の節約になる（**It will save money because you can share a lot of things with your friend**）。

　それでは以上のキーアイデアを念頭に置いて、例文練習に挑戦してみましょう！　まずは、家族・友人に関する質問からまいりましょう。

①「家族・友人」スピーキング力UPトレーニング
Family & Friends

　家族や友人の特徴（characteristics of my family and friends）や家族関係（family relations）、友人関係（friendship）などは日常会話でよく聞かれるトピックです。それらはどのようなものなのか、間髪入れずに答えられるようにトレーニングしていきましょう。

▶ TRACK 79

Q. Do you come from a large family or a small family?
　あなたは大家族の出身ですか、それとも小家族の出身ですか。

■ 大家族の場合

1. 私の家は祖父母、両親、2人の姉妹、1人の兄、そして私を含む大家族です。	I come from **a big family of grandparents, parents, two sisters, one brother and me**.
2. 私の家は8人の大家族です。	I have a big family of eight.

☞ 上のように a family of ～「～から成る家族」を覚えておこう。

■ 小家族の場合

1. 私の家族は5人の核家族で、私の他に両親、姉、弟がいます。	I come from a nuclear family of five, **including father, mother, elder sister, younger brother, and me**.

☞ a nuclear family「核家族」。X including A, B and C で「A と B と C を含む X」。「X の中には ABC がいる」と言いたいときに使えるフレーズ！

2. 私たちは4人家族です。	We are a family of four.

☞ a family of ～は「～人家族」と言いたいときに便利な表現。

3. 日本では現在、核家族が大半を占めています。	In Japan, nuclear families make up the majority now.

☞ X make up ～% で「Xが～%を占める」。「構成」を表す重要表現で、make up のかわりに account for / comprise / constitute も使える！

▶ TRACK 80

Q. What sorts of things do you like to do together as a family?

家族で一緒にどんなことをするのが好きですか。

1. 一緒に食事をしたり、日々の出来事について話したりするのが好きです。	We enjoy doing **several things** together **like having meals and talking about what's happening in our life**.

☞ 例を列挙するのに役立つフレーズが things like A and B「AやBのようなこと」。what's happening in one's life「日々の出来事」

2. 日本には美しい四季があるので、3ヵ月ごとに違った場所へ旅行することを楽しんでいます。	We also enjoy traveling to different places every three months because Japan has four beautiful seasons.

☞ さらに例があるときは文が長くなるので、also「また」を使って話し続けるとよい！have four beautiful seasons「美しい四季がある」は、scenery changes with each season「季節ごとに景色が変わる」や、scenery changes from season to season など表現のバリエーションも増やそう！ every three months「3ヵ月ごとに」は必須表現。

▶ TRACK 81

Q. How much time do you manage to spend with members of your family?

家族と一緒に過ごす時間はどれくらいですか。

1. 普段は家族と２時間ほど過ごします。	I spend about two hours with my family on a typical day.
2. 映画を見たり、食事をしながら会話を楽しみます。	We enjoy watching a movie and talking over meals.
3. 私は、毎週末、1、2時間、家族と一緒に庭で野菜の世話をしています。	I spend one or two hours with my family in the garden to take care of vegetables every weekend.

☞ 他に play games together 「一緒にゲームをする」、go out together 「一緒に出かける」なども使ってみよう。

　次はあまり一緒に過ごさない場合です。

4. 家族とは別に住んでいるので、年2回夕食を共にするくらいです。	I only have dinner with my family twice a year because I live separately from my family.
5. 大学とバイトが忙しくて、家族と一緒にいる時間はほとんどありません。	I rarely spend time with my family because I'm quite busy with college and part-time work.

☞ 「あまり一緒の時間を過ごせない理由」には他に、have to go to cram school 「塾に行く」や be addicted to smartphones[PC] 「スマホやPCにはまっている」など。

　それでは次に、Chapter 4 でご紹介した次のテンプレートを使って、質問に答えてみましょう。

■ **100% 確信があるとき**

Definitely X, because 〜.

（絶対に X です。なぜなら〜だからです）

■ **70% くらいの確信のとき**

I prefer X, because 〜.

I'd rather X (than Y), because 〜.

（X の方が好きで、理由は〜だからです）

▶ TRACK 82

Q. How do you usually contact your friends?

普段はどうやって友達に連絡しますか。

■ 電子メールの場合

1. みんな仕事や家庭で忙しいので、電子メールでのやり取りがほとんどです。	I mostly exchange e-mails with my friends because everyone is busy with their work and family.

☞ exchange e-mails「電子メールをやり取りする」

2. 友達が好きなときにメッセージを読んだり、返信したりしてほしいと思います。	I want my friends to read and reply to messages whenever they like.

■ 電話の場合

テンプレートを使って言ってみよう！

1. 他のどの連絡方法よりも話した方が速いので、私は電話をかけるのが好きです。	**I'd rather** make telephone calls **because** talking is faster than any other contact methods.

☞ would rather ＋ V（原形）「V する方が好きだ」は、「数ある選択肢の中で〇〇が好き」と言いたいときにも使える！ a contact method「連絡方法」

2. 私は通常、ボイスチャットの電話で友達に連絡します。	I usually contact my friends over the phone by having a voice chat.

☞ have a voice chat「ボイスチャット（インターネット電話）をする」

3. 私は他の方法よりもこの連絡方法が好きです。	I **prefer** this contact method **to** any others.
4. 電話で話すと、自分の感情をより簡単に表現できます。	I can express my emotions more easily by talking over the phone.

■ Facebook の場合

私はよくオンラインで友人とチャットしたり、Facebook で友人のライフイベントの最新情報を得たりしています。	I often have a chat with my friends online and get updates on their life events on Facebook.

☞ get updates「最新情報を得る」

▶ TRACK 83

Q. Do you find it easy to keep in contact with family and friends?

家族や友人と連絡を取り合うのは簡単だと思いますか。

1. はい。インターネットのおかげで友達や家族と連絡を取り合うのは簡単だと思います。	Yes. I find it easy to keep in touch with my friends and family thanks to the Internet.

☞ find it easy to ~「~することは簡単だと思う」は必須表現！ 遠くに住んでいる場合は、even we live far away from each other「遠く離れて住んでいても」と続けて話そう！

2. メール、SNS、電話など、連絡方法はたくさんあります。	I have many ways to contact them such as e-mails, social media, and phone calls.

▶ TRACK 84

Q. Do you usually like to spend time alone or with your friends after work?

普段、仕事の後1人で過ごすのと友達と過ごすのとどちらが好きですか。

■ 友達と一緒に過ごすのが好き

テンプレートを使って言ってみよう！

誰かと一緒にいる方が楽しいので、友達と一緒に過ごす方が好きです。	I **prefer to** spend time with my friends **because** it's more fun to be with someone.

☞「~の方が好きだ」のテンプレート「I prefer X, because ~」を使ってみよう！

■ 1人で過ごすのが好き

よりリラックスできるので、1人で過ごす方が好きです。	I **prefer to** spend time alone because I can relax more.

> **Q. Which do you prefer to have, a few close friends or a large group of friends?**
>
> 親しい友人が数人いるのと大勢の友人がいるのとでは、どちらが好きですか。

■ 数人の友人の方が好き

テンプレートを使って言ってみよう！

1. 友情を深めるために心と心のコミュニケーションができるので、親しい友人が数人いる方が好きです。	**I prefer to** have a few close friends **because** I can have heart-to-heart communication to deepen friendship with them.

☞ deepen friendship「友情を深める」。have heart-heart communication「心と心のコミュニケーションをする」

2. いざという時に助けてくれる生涯の友達を持ちたいと思います。	I want to have lifetime friends who will help me in a crisis.

■ 大勢の友人の方が好き

テンプレートを使って言ってみよう！

1. 私は人脈を広げるために、グループで付き合いたいです。	I want a large group of friends to build-up a network of friends and acquaintances.

☞ build-up a network of friends and acquaintances「人脈を広げる」。ここでの network は「人脈」のことで、networking は「仕事に役立つ人と情報共有するシステム」となる。ビジネスでは Her networking skills are legendary.「彼女の人脈作りの能力は伝説的だ」のように使う。

2. 様々な人と交流することで視野が広がるからです。	It's **because** interacting with many different people will broaden my horizons.

☞ broaden one's horizons「視野を広げる」

3. また、対人関係処理能力を伸ばしてくれるからです。	Furthermore, it will help develop my people skills.

☞ people skills「社交術、対人処理能力」は interpersonal skills に言い換え可能！ぜひ両方覚えよう！

いかがですか。「こちらの方が好き」という表現はトレーニングできましたか。それでは次に、「論理的に理由を述べる」練習をいたしましょう！

テンプレート② 理由を述べる前の表現

> **(I think) there are several reasons for X[why SV].**
>
> (X [SV] の理由はいくつかあると思います)
>
> **(I think) there are several factors in X.**
>
> (X の要因はいくつかあると思います)

いきなり理由を述べるのではなく、最初に「いくつかの理由があります」と述べてから話し出すと、論理的でわかりやすくなります。そう断ってから、The first reason is that ... や One reason is that ...、Firstly, ...などと述べ、The second reason is that ... や Another reason is that ...、Secondly, ...と話していくのは、社会問題に限らず、身の回りの話題についての会話でもよくあります。それでは、次の質問で練習してみましょう。

▶ TRACK 86

Q. Who is your best friend? Describe the person and explain why he/she is your best friend.

あなたの親友は誰ですか。その人について説明し、彼／彼女があなたの親友である理由を述べてください。

| 1. 私の親友は、サチという高校の同級生の1人です。 | My best friend is one of my senior high school classmates named Sachi. |
| 2. 彼女のことは、小学生の頃から知っています。 | I have known her since we were at elementary school. |

テンプレートを使って言ってみよう！

3. 彼女が親友である理由はいくつかあります。	**There are several reasons why** she is my best friend.
4. まず、私たちは高校時代に同じバレーボール部に所属し、同じ目標に向かって一生懸命練習していました。	**Firstly**, we belonged to a volleyball club at high school, practicing very hard to achieve the same goal.
5. 共有したこの経験は、私たちの友情を深めました。	This experience we shared **deepened our friendship**.

☞ deepen one's friendship「友情を深める」は必須表現！

| 6. 2つ目の理由は、彼女は私に非常に協力的で思いやりがあることです。 | **Secondly**, she is very supportive and sympathetic to me. |

☞ supportive「協力的な」、sympathetic「思いやりがある」は使えるようにしておこう。他に empathetic「共感してくれる、親身になってくれる」、compassionate「同情心に富む」、open-minded「包容力がある」も覚えよう！

| 7. 私が交通事故で1ヵ月入院したとき、彼女はよく見舞いに来てくれて、励ましの言葉をかけてくれました。 | When I had a car accident and **was hospitalized** for one month, she often visited me and **gave me words of encouragement**. |

☞ be hospitalized は「入院する」。give words of encouragement「励ましの言葉をかける」は cheer ～（人）up に言い換え可能。

8. だから、サチは私の親友です。	**That's why** Sachi is my best friend.

☞ このように、まず最初に There are several reasons why 〜. Firstly, 〜. Secondly 〜.「〜である理由はいくつかある。1つ目は〜。2つ目は〜」と述べ、そして最後に That's why SV「そういうわけで〜である」とまとめのフレーズを使うと、わかりやすく話を締めくくることができる！

もう1つ練習してみましょう！

▶ TRACK 87

Q. What makes a friend into a good friend?

何が友達を親友にするのですか。

テンプレートを使って言ってみよう！

1. 友達を親友にする要素はいくつかあると思います。	**I think there are several factors in** making a friend into a good friend.

☞ 最初から2個の要素とわかっている場合は、I think there are two factors in X. で始めるとよい。

2. 第1の要素は友人同士の信頼関係で、それは良好な対人関係を築くのに役立ちます。	**The first factor** is trust between friends, which will help them build good interpersonal relationships.

☞ build good interpersonal relationship は「良好な対人関係を築く」。

3. 第2の要素は私的な考えや感情を共有するために必要な「共感」です。	**The second factor** is empathy, which is essential to share intimate thoughts and feelings.

☞ empathy「共感（すること）」、essential「欠かせない、非常に大事な」、intimate thoughts and feelings「私的な考えや感情」

4. 第3の要素はどんな時でも相手をサポートすることです。	**The third factor is** supportiveness of others through thick and thin.

☞ through thick and thin「問題や困難が起こった時でも」は、in one's bad times に言い換え可能。supportiveness of 〜「〜の支えになること」は使いこなしたい表現！

いかがですか。理由をわかりやすく述べられるようになってきましたか。もう1つ続けて練習してみましょう。

▶ TRACK 88

Q. What do you think will break the friendship?

何が友情を壊すと思いますか。

テンプレートを使って言ってみよう！

1. 友情を壊す理由はいくつかあると思います。	**I think there are several reasons** for the breakup of the friendship.
2. 1つ目の理由は、友人への共感の欠如です。	**The first reason is** a lack of empathy to your friend.

☞ lack of empathy「共感の欠如」は必須表現！　他に lack of communication「コミュニケーションの欠如」も使えるようになろう！

3. 相手の気持ちに共感しないで自己中心的でいると、友人はあなたから離れていきます。	If you are self-centered without empathizing with your friend, they will move away from you.

☞ self-centered「自己中心的な」は altruistic「利他的な」の反対表現で、どちらも重要な表現！

4. 2つ目の理由は、信頼を裏切ることです。友人を信頼できなくなると友情は失われます。	**The second reason** is a breach of trust. The friendship will break up when people can't trust their friends.

☞ breach of trust「信頼を裏切ること」はぜひ覚えたい重要表現！

5. 最後に、多額のお金を借りると、友情を損なう可能性があります。	**Finally**, borrowing a large amount of money can harm the friendship.

☞ harm [damage] the friendship「友情を損なう」は、undermine friendly relations ともいえる！

このように、理由を聞かれたときは、テンプレートを意識して使うと論理的でわかりやすくなります！

次に、「どのくらい重要か」と聞かれた際のテンプレートをご紹介しましょう。

テンプレート③ 「どのくらい重要かの程度」を述べる

it is extremely important （極めて重要だ）

it is quite[truly] important （非常に重要だ）

it is very important （とても重要だ）

it is not so important （それほど重要ではない）

it is not important （重要ではない）

it is not important at all （全く重要ではない）

it is far from important （全く重要ではない）

このような「程度を示す」テンプレートも重要です。次の例文で練習してみましょう！

▶ TRACK 89

Q. How important do you think it is for you to spend some time alone?

1人で時間を過ごすことは、あなたにとってどの程度重要だと思いますか。

テンプレートを使って言ってみよう！

1.他の人からのプレッシャーを受けずに、孤独に自分の情熱を探求するために、1人の時間は極めて大切です。	**It is extremely important** for me to explore my own passions in solitude without any pressure from other people.

☞ explore one's own passions in solitude 「孤独の中で自分が夢中になれるものを探求する」

2. 内省のために 1 人で時間を過ごすことはとても大切です。	**It is very important** to spend some time alone for self-reflection.

☞ self-reflection「内省、自分自身が行っていることについて考えること」

▶ TRACK 90

Q. How important would you say it is to have friends from different cultures?

異文化の友人を持つことは、どの程度重要だと思いますか。

テンプレートを使って言ってみよう！

1. 非常に重要だと思います。	I think **it is quite important**.
2. 異文化の友人を持つことは、異文化を体験する絶好の機会になります。	Having friends from different cultures gives us an excellent opportunity to **have a cross-cultural experience**.

☞ have a cross-cultural experience「異文化体験をする」は必須表現！

3. 異文化間コミュニケーションができ、視野が広がります。	It **broadens your perspective** through intercultural communication.

☞ broaden one's perspective「視野を広げる」は、broaden one's horizons に言い換え可能。

▶ TRACK 91

Q. Do you think it is possible to make friends with someone even if you never meet them in person? Is it real friendship?

実際に会ったことのない人と友達になることは可能だと思いますか。それは本当の友情ですか。

テンプレートを使って言ってみよう！

1. はい。直接会わなくても、誰かと友達になることは十分可能だと思います。	Yes, **it is quite possible** to make friends with someone even though you do not see each other in person.

☞ it is quite important を応用して、it is quite possible「十分可能である」と言ってみよう！

2. 最近では、SNS によって非常に簡単にお互いを知ることができるようになりました。	Recently, social media allows you to know each other quite easily.
3. インターネット上で、お互いのアイデアや興味を共有することができます。	On the Internet, you can share ideas and interests with each other.
4. 人々はネット上でお互いをサポートしたり、気遣ったりすることができます。	You can support and care for each other through online communication.

☞ care for は「誰かを好きで面倒を見る」という意味の重要表現！

5. だから、直接会わなくてもネット上の友情は成立します。	**That's why** online friendship is possible even if people do not see each other in person.

☞ 少し理由を長く述べてきたら、最後に That's why SV「そういうわけで〜である」とまとめのフレーズを使う！

　次に、答えが「時と場合によって変わる」場合のテンプレートをご紹介しましょう。

テンプレート④　「時と場合によって変わる」と述べる

> ### It depends on 〜[the situation].
> （〜に［状況に］よります）

158

それでは次の質問で練習してみましょう！

▶ TRACK 92

> **Q. Do you think it's important to keep in touch with your childhood friends?**
>
> 子供の頃に知っていた友達と連絡を取ることは、重要だと思いますか。

テンプレートを使って言ってみよう！

1. どれだけ親密だったか、そして大人になってどれだけ共通点があるかによります。	**It depends on** how close you were and how much you have in common when you grow up.

☞「It depends on ～」のテンプレートは、このように名詞節を続けて応用できる。have in common「共通点を持つ」

■ Yesの場合

2. 今でもまだ同じ趣味の友人もいて、彼らとは連絡を取り合いたいと思っています。	I still share similar interests with some of them, and I want to keep in touch with them.
3. 幼い頃からの純粋な友情を大切にしています。	I treasure pure friendship from childhood.
4. 彼らの性格をとてもよく知っているので、信用して秘密を打ち明けることができます。	I know their personalities very well, and therefore **confide in** them.

☞ treasure は「大切にする」。confide in ～「～を信用して秘密を打ち明ける」

　次は、テンプレートはありませんが、よく聞かれる質問をいくつかトレーニングいたしましょう！

Q. Are your friends mostly your age or different ages?

あなたの友人の多くはあなたと同じ年齢ですか、それとも異なる年齢ですか。

■ 同じ年齢の友人が多い場合

学校や大学からの知り合いなので、友人のほとんどは私とだいたい同じ年齢です。	We have known each other since high school and university, so most of my friends are about my age.

■ 異なる年齢の友人が多い場合

仕事や子育てで出会ったので、先輩や年下の友達が多いです。	Most of my friends are older or younger than I am as we've got to know each other through work and child rearing.

☞ child rearing「子育て」

Q. Did / Do you get on well with your family?

家族と仲良くしていましたか／していますか。

■ Yesの場合

1. はい、家族とは電子メールや電話で連絡を取り合い、仲良くしています。	Yes, I **get along well with** my family members by keeping in touch by e-mail and telephone.

☞ get along with ～「～と仲良くやっていく」は、質問文にある get on well ～ に言い換え可能。

2. 私たちには強い絆があり、お互いの意見やライフスタイルを尊重しています。	We **have a strong bond** with each other and respect each other's opinions and lifestyles.

☞ have a strong bond「強い絆がある」は必須表現！

| 3. 彼らは私が辛いときに助けてくれ、いつでもサポートしてくれます。 | They help me **in my difficult times** and support me whenever I ask. |

☞ in one's difficult times「辛いときに」は when one need help や when one is in trouble と言い換え可能。

| 4. 時にはけんかもしますが、何が起こっても常にお互いを支え合っています。 | We sometimes have quarrels, but we always **stand by each other** no matter what happens. |

☞ stand by each other「お互いに力になる」は必須表現。

■ No の場合

| 1. 子供の頃、兄弟の競争意識がもとで兄とよく言い争っていました。 | I used to argue a lot with my brother when we were children because of **sibling rivalry**. |

☞ sibling rivalry「兄弟間の競争意識」はぜひ覚えたいフレーズ。

| 2. 気にはなりますが、兄とはもう何年も連絡を取っていません。 | I'm concerned about him, but I haven't been in contact with him for years. |

☞ be in contact with ～「～と連絡を取り合う」

▶ TRACK 95

Q. In terms of personality development, are you more influenced by your family or by your friends?

性格的には、家族と友人のどちらから、より大きな影響を受けていますか。

■ 家族

1. 私の性格を形作る上で、友人よりも家族の影響の方が大きかったと思います。	I think my family has had more influence than my friends on **shaping my personality**.

☞ shape one's personality「性格を形成する」

2. 友人よりも家族と一緒に過ごす時間が多く、幼少期は家族から学んだことが多かったです。	I spent a lot more time with my family and learned from them in my childhood.
3. 私の性格は母親に非常によく似ています。	I have the same **personality traits** as my mother does.

☞ personality traits「性格の特性、特徴」、I have the same personality traits as ～「～と性格が似ている」は、my personality is close to ～ とも言える。

■ 友人

1. 家族よりも学校で友人と交流する時間が多く、友人の影響の方が大きかったです。	I was more influenced by my friends because I interacted with them more at school.
2. 友人と私は、価値観や話し方がとても似ています。	Our values and way of talking are very similar to each other.

☞ our values「価値観」は what we value ともいえる。way of talking「話し方」は how we talk ともいえる。

　それでは次に、「家族・友人」以外の人間関係について話せるようにトレーニングいたしましょう。テンプレートが使えそうなところは、どんどん使ってまいりましょう！

2

「先生・同僚・隣人」スピーキング力UPトレーニング
Teachers, Colleagues, and Neighbors

　人間関係のトピックで次に話題になることが多いのは、先生・同僚・隣人についてです。あなたにとって先生・同僚・隣人との関係はどのくらい重要かを話せるようになっておきましょう。また、「最も影響を受けた先生」についても聞かれることが多いので、間髪入れず説明できるようにしましょう。

▶ TRACK 96

> **Q.** **What other types of relationships, apart from those with friends or family, are[were] important in your life?**
>
> あなたの人生で、友達や家族以外のどのような人間関係が重要です[でした]か。

■ 教師との関係の場合

1. 先生との関係は人生においてとても大切なことだと思います。	I think my relationships with my teachers are very important in my life.
2. 先生方は、私の心の成長にとても重要な役割を果たしています。	My teachers play a very important role in my **mental development**.

☞ mental development[growth] は「心の成長」。

3. 先生は学校の教科を教えるだけでなく、メンターとして生徒を支えてくれます。	They not only teach school subjects but also suppport students as **mentors**.

☞ a mentor は「良き師、指導者」。

■ 同僚との関係の場合

同僚との良好な人間関係は、快適な職場環境を作るので、大切です。	The **good interpersonal relationships** with my colleagues are important because they can **create a congenial working environment**.

☞ good interpersonal relationships「良好な人間関係」、colleagues「同僚」、create a congenial environment「快適な環境を作る」。他に、improve [enhance] one's working efficiency「仕事の効率を高める」も使える！

▶ TRACK 97

Q. How well do you know the people who live next door to you?

あなたは隣人のことをどれくらいよく知っていますか。

■ よく知っている場合

1. 子育てに関する考えや情報を20年間交換してきたので、隣人のことはよく知っています。	I know my neighbors well because we've exchanged ideas and information about child rearing for 20 years.

☞ child rearing「子育て」は必須表現！ child-bearing は「子供を生むこと」。

2. 子供たちはよく一緒に遊び、お互いの家をよく訪ねたものでした。	Our children used to play together and visit each other's houses.

■ あまり知らない場合

1. 隣人とは会えば会釈し合う程度の間柄です。	I have a nodding acquaintance with my neighbors.

☞ a nodding acquaintance with ～「～とは会えば挨拶するくらいの間柄」

2. 隣人の名前と顔ぐらいしか知りません。	I only know them by name and sight.

☞ know ＋人＋ by name[sight] は「（人）の名前［顔］だけは知っている」。

164

> **Q. What are the qualities of a good neighbor?**
>
> 良き隣人の特徴とはどのようなものですか。

テンプレートを使って言ってみよう！

1. 良い隣人にはいくつかの資質があると思います。	I think there are several qualities of a good neighbor.

☞ テンプレート② I think there are several reasons「いくつかの理由があると思う」のバリエーションで、reasons を qualities「資質」と変えて使ってみよう！

2. まず、良い隣人は礼儀正しく、親切で、他人に対して思いやりがあります。	**Firstly**, a good neighbor is polite, friendly, and empathetic to other people.

☞ polite は「マナーがよく、相手の気持ちを尊重する」で、friendly は「相手とお話ししたい、相手を助けたいというふうに接する」こと。

3. 2つ目は、良い隣人は他人のことを詮索しません。	**Secondly**, a good neighbor is not inquisitive about other people's affairs.

☞ inquisitive は「詮索好きな」で、他に respect the privacy of others「他人のプライバシーを尊重する」も重要表現。

　それでは次に、「一番お世話になった人や一番好きな有名人」などを表現するテンプレートをご紹介しましょう。

① **There are many[several] X that SV, but the first one that comes to mind is Y.**

② **There are many[several] X that SV, but the first one in my mind is Y.**

（SV な X さんはたくさん［何人か］いますが、一番最初に心に浮かぶのは Y さんです）

次の質問で意識して使ってみましょう！

▶ TRACK 99

Q. Who is a teacher that has influenced you in your education?

あなたが教育上、影響を受けた先生は誰ですか。

テンプレートを使って言ってみよう！

1.影響を受けた先生は何人かいますが、一番最初に心に浮かぶのはレイチェル先生です。	**There are several teachers who have influenced me, but the first one in my mind is** Ms. Rachel.
2. 彼女は並外れた英語の先生であり、人生を通して私のメンターでもあります。	She is an extraordinary English teacher and my mentor through my life.

☞ mentor は「良き師、指導者」。

3.私が課題で苦労していたとき、有益な指導をしてくれました。	She gave me useful guidance when I was struggling with my schoolwork.

☞ struggle with ～ は「～で苦労する」。

4. 彼女は、課題の勉強のプレッシャーにどう対処するか、実践的なアドバイスをくれました。	She gave me practical advice on how to **deal with academic pressure** from schoolwork.

☞ deal with academic pressure「勉強のプレッシャーに対処する」は deal with stress from schoolwork とも言える。

5. 彼女は英語の知識が豊富なので、わかりやすく説明をして、難しい質問に常に正確に答えてくれます。	She **has an extensive knowledge of** the English language, so she always answers difficult questions accurately with clear explanations.

☞ have extensive knowledge of ～「～の知識を豊富に持っている」

6. 彼女は教えることに熱心なだけでなく、すべての生徒を親身になってサポートしています。	She is not **only enthusiastic** about teaching **but also friendly and supportive** to all students.

☞ be not only enthusiastic but also supportive「熱心であるだけでなくサポートもしてくれる」

　影響を受けた先生の特徴は、friendly、supportive、enthusiastic、knowlegeable の 4 つになる場合が多いでしょう。

　このテンプレートは、次の「歴史上の人物・有名人」でも使えます。次のトピックを考えてみましょう。

3

「歴史上の人物・有名人」スピーキング力UPトレーニング
Famous and Historical Figures

尊敬する人（**the person you respect**）や会いたい人（**the person you want to meet**）について聞かれることは日常会話でも検定試験でも非常に多いので、歴史上の人物（**historical figures**）や有名人（**famous people**）について流暢に話せるようにトレーニングしましょう。

▶ TRACK 100

Q. Who is the historical figure that you respect[admire] the most?

あなたが最も尊敬する歴史上の人物は誰ですか。

テンプレートを使って言ってみよう！

1. 私が尊敬している歴史上の人物はたくさんいます。	**There are many historical figures that I have** great admiration for.

☞ have admiration for ～は「～に感心［敬服］する」、historical figures は「歴史上の人物」。

2. でも私が最も尊敬しているのは発明王であるトーマス・エジソンです。	**But the person I respect[admire] the most is** Thomas Edison, the King of Invention.

☞「発明王」は the King of Invention という。テンプレート⑤のバリエーションとして、There are many X that SV, but the person I respect most is Z「SVしている X はたくさんいるが、一番尊敬している人は Z だ」と応用しよう！

3. 彼は、電話、蓄音機、電球をはじめとする発明で1000件以上の特許を取得しました。	He obtained more than one thousand patents for his inventions, **including the telephone, phonograph, and light bulb.**

168

☞ 例をあげるときの表現で、including A, B and C「A B C などの」が使えるが、1文が長くなりすぎる際は2文に分けて、2文目に S + include「Sの中には〜がある」とも言える！ obtain a patent は「特許を取る」、phonograph は「蓄音器」。

4. 子供の頃に読んだ彼の伝記から彼の哲学と情熱について大いに学びました。	I learned a lot about his philosophy and passion from his biography I read as a child.

☞ philosophy and passion「哲学と情熱」

5. 彼は好奇心にあふれ、既存の価値観に懐疑的で、社会の規範や慣習に挑みました。	He was full of curiosity and **skeptical of** existing values, **challenging the norms and conventions**.

☞ skeptical of 〜は「〜に懐疑的な」。challenge the norms and conventions「世間一般の規範と慣習に挑む」は必須語彙。

これはまた、テンプレートを使って次のように言うこともできます。

テンプレートを使って言ってみよう！

1. 私が彼を深く尊敬している主な理由は2つあります。	**There are mainly two reasons why** I deeply respect him.
2. 第1に、彼は社会全体の公益のために非常に多くの有用な機器を発明しました。	**Firstly**, he invented numerous useful devices for the common good of society.

☞ There are mainly two reasons と、最初に「（尊敬している）2つの主な理由がある」と述べてから話し出すと、論理的でよりわかりやすくなる！ numerous「非常に多くの」、for the common good of society「社会の公益のために」は重要表現！

3. 彼の発明はすべて、人々の生活を豊かにするという信念に基づいて設計されました。	All his inventions were designed **based on the belief that** they would enrich people's lives.

☞ based on the belief that 〜「〜という信念に基づいて」は重要フレーズ。

4. 彼の生んだ機器がなければ、現代世界ははるかに文明が遅れ、不便になっていたでしょう。	Without his devices, the modern world would be **far less civilized** and far more inconvenient now.

☞ far less civilized「今よりずっと文明化されていない」

5. 次に、彼の前向きな考え方は、私の人生に多大な影響を与えてきました。	**Secondly**, his positive thinking has had a tremendous influence on my life.
6. 12歳のとき、彼は事故で耳がほとんど聞こえなくなりました。	At age 12, he lost much of his hearing in an accident.
7. でも彼は、それはすべての騒音を遮断し、集中力を高めるのに役立つと、前向きに考えました。	But he positively thought that it would block out all the noise and help increase his concentration.

☞ lose one's hearing「聴力を失う」、increase concentration「集中力を高める」は必須語彙。

8. さらに、彼は実験で何千回も失敗しましたが、1万個のうまくいかない方法を見つけただけだと考えました。	Furthermore, he failed thousands of times in his experiments, but he thought he just found 10,000 ways that won't work.
9. 彼の不屈の精神に勇気づけられ、私は多くの苦しい試練を乗り越えようとしました。	His perseverance has inspired me to overcome many daunting challenges.

☞ perseverance は「粘り強さ」、inspire ～(人) to V は「(人) にVするように駆り立てる」、overcome daunting challenges は「大きな試練を乗り越える」で、どれも必須表現。この他、エジソンの格言で印象的なものは「天才とは1%のひらめきと99%の努力である」「成功できる人は、思い通りに行かないことが当たり前という前提で挑戦している人である」。

Q. Who do you think made a great contribution to social development?

社会の発展に大きく貢献をしたのは誰だと思いますか。

テンプレートを使って言ってみよう！

1. 社会に多大な貢献をした人は何人かいると思います。	**There are several people who I believe** made a tremendous contribution to society.
2. 一番よく覚えているのは、160年前に生きた日本の武士である坂本龍馬です。	**But the one who comes first to my mind is** Sakamoto Ryoma, a Japanese samurai warrior who lived 160 years ago.
3. 彼は明治維新を進めるために多大な努力をしました。	He made great efforts to promote the Meiji Revolution.

☞ この答えは「SVしているXはたくさんいるが」のテンプレート⑤を使うと言いやすい。

4. 彼は日本の近代化と工業化を提唱しました。	He **advocated the modernization** and industrialization of Japan.

☞ advocate the modernization「近代化を提唱する」

5. 彼がいなければ、日本は国内紛争や他国の侵略によって多くの命を失っていたことでしょう。	Without him, Japan would have lost many lives in **internal conflicts** and invasion from other countries.

☞ internal conflicts「国内紛争」は必須語彙！

Q. Who is a popular movie actor in your country?

あなたの国で人気の映画俳優は誰ですか。

テンプレートを使って言ってみよう！

1. 私の国では人気の俳優がたくさんいますが、吉永小百合ほど人気のある俳優はほとんどいません。	**There are many popular actors** in my country, **but** very few of them are as popular as Yoshinaga Sayuri.
2. 彼女は65年間演技を続けており、今でも演技に精力的です。	She's been acting for 65 years and is still energetic about acting.
3. 彼女はキャリアの中で素晴らしい成功を収めてきました。	She has achieved marvelous success in her career.

☞ ここでもテンプレート⑤ There are many X, but「X はたくさんいるが、〜」が使える！but 以下のバリエーションも覚えよう！

4. でも、他の多くのスターのように贅沢で華やかな生活を送っていません。	But she doesn't **live a very lavish and glamorous life** like many other stars.

☞ live a 〜 life「〜な生活を送る」は必須表現で、〜には lavish「贅沢な」(luxurious に言い換え可能)、glamorous「華やかな」、extravagant「贅沢な、金遣いの荒い」など様々な形容詞を入れて使えるようにしておこう！

5. また、彼女はエレガントで誠実で見栄を張りません。	Also, she is elegant, sincere, and **unpretentious**.

☞ unpretentious は「自分を大きく見せない」。その反対は pretentious で重要表現。

テンプレートを使って言ってみよう！

6. だから、彼女は多くの日本人の間で人気があります。	**That's why** she has been popular with many Japanese people.

☞ いろいろと人気の理由を述べたので、最後に That' why 〜「そういうわけで〜だ」を使って、すっきりと締めくくろう！

Q. Who is a famous businessperson you respect?

あなたが尊敬する有名なビジネスマンは誰ですか。

テンプレートを使って言ってみよう！

1. 世界には有名なビジネスマンがたくさんいますが、最初に頭に浮かぶのは孫正義です。	There are many famous businesspeople in the world, **but the first to come to mind is** Son Masayoshi.
2. 彼は、ソフトバンクグループの創設者です。	He is the founder of the Softbank Group.

☞「SV な X はたくさんいるが、最初に心に浮かぶのは Z だ」のテンプレート⑤のバリエーション。the founder of X は「X の創設者、創立者」。

3. 彼は 16 歳のとき、カリフォルニアに引っ越し、高校を 3 週間で卒業し、その後、バークレー校で経済学の学士号を取得しました。	At age 16, he moved to California and finished high school in three weeks and later graduated from Berkeley with **a B.A. in Economics**.
4. 教授たちの協力を得て、電子翻訳機を開発し、シャープに 170 万ドルで売却しました。	With the help of some professors, he created an electronic translator and sold it to Sharp Corporation for $1.7 million.
5. 1995 年には Yahoo の株を買い、1999 年にはアリババに 2000 万ドルの出資をし、現在 1470 億ドルほどの価値となっています。	He bought a share of Yahoo in 1995 and invested a $20-million stake in Alibaba in 1999, which is now worth about $147 billion.

☞ a B.A. in Economics「経済学学士」、a stake「出資金」を覚えておこう！

6. 彼は実業界の大物であり、起業家であり、世界で最も裕福な人物の 1 人です。	He is **a business magnate and entrepreneur**, and one of the wealthiest people in the world.

☞ a business magnate「実業界の大物」、an entrepreneur「起業家」はぜひとも覚えたい重要語彙！ 他にも、forerunner / pioneer / trailblazer「先駆者、草分け」も一緒に覚えよう！

理由を述べる場合、3つ以上の理由がある場合は **The person I respect most is X for several reasons.** と先に述べるのがポイントです。また、理由が2つだけの場合は、**for several reasons** を **mainly for two reasons〔for two main reasons〕** としましょう。そして、以下のように続けます。

1. **The biggest reason is that** he/she is one of the most charismatic political leaders in the world history.（最大の理由は、彼／彼女が世界史上最もカリスマ的な政治指導者の1人であるということです）

2. His/Her eloquent speech always inspires people around the world and gives them hope for the future.（彼／彼女の雄弁なスピーチは常に世界中の人々に刺激を与え、彼らに未来への希望を与えます）

3. **Another major reason is that** he/she is a person of wisdom and vision.（もう一つの大きな理由は、彼／彼女が知恵とビジョンの人であるということです）

4. He / She is keenly aware of social problems and always makes sensible decisions based on the awareness.（彼／彼女は社会問題を鋭敏に認識しており、その認識に基づいて常に賢明な決定を下します）

5. He / She also always understands what is likely to happen in the future and makes wise plans for the future with great imagination and intelligence.（彼／彼女はまた、将来何が起こりそうかを常に理解し、素晴らしい想像力と知性で将来のための賢明な計画を立てます）

さて、以上で人物・人間関係のトピックに関する発信力 UP トレーニングは終わりますが、最後に人物描写に役立つ単語・表現を整理しておきましょう。

■ 人物描写をするのに役立つ表現

◎「知性」系

「英知」 **wisdom**（= the ability to make sensible decisions and give good advice based on your knowledge and experience）

「判断力」**judgment**（= the ability to make sensible judgment after carefully considering the best thing to do）

「先見の明」**foresight**（= the ability to predict what is likely to happen and to use this to prepare for the future）

「ビジョン」**vision**（= the ability to think about or plan the future with great imagination and intelligence）

「問題解決力」**resourcefulness**（= being good at finding ways of dealing with problems）［形容詞 resourceful として使う方が自然］

「独創性」**ingenuity**（= the ability to invent things and solve problems in clever new ways）［形容詞 ingenious として使う方が自然］

これらを使って、**X has［had］wisdom, awareness of social problems, and a strong sense of mission. / X is［was］a person of wisdom and foresight.** のように言えます。

また、**X is a resourceful and ingenious person.** か、**X has awareness of social problems.**（X は社会問題を認識している）のようにも言えます。

◎「勇・忍・パワー」系

「勇気」**courage**（= the ability to do something dangerous, or to face pain or opposition, without showing fear）

「根性」**perseverance**（= determination to keep trying to achieve something in spite of difficulties）

「克己心が強い」**have (strong) self-discipline**（= the ability to control yourself and make yourself work hard or behave in a particular way without needing anyone else to tell you what to do）

「意志が非常に強い」**have strong willpower**

「向上心が強い」**have great aspiration**（= a strong desire to achieve something great, even if it is difficult）

「ダイナミックな」**dynamic**（= full of energy and new ideas, and determined to succeed）

「進取の気性に富む」**enterprising**（= having or showing the ability to think of new projects or new ways of doing things and make them work）

これらを人物に応じて使い分け、**X is a person of courage, perseverance, and self-discipline. / X has a dynamic personality and an enterprising spirit. / X has a strong sense of mission**（X は使命感が強い）のように言うことができます。

◎「仁・包容力」系

「慈悲深い」**benevolent**（＝kind, helpful, fair, and generous）/ **charitable**（＝helping people who are poor or in need, and sympathetic to other people）

「同情心に富む」**compassionate**（＝feeling and showing pity, sympathy, and understanding for people who are suffering）

「寛大な」**magnanimous**（＝kind and generous toward someone, especially after defeating them or being treated badly by them）/ **understanding**（＝showing sympathy for other people's problems and being willing to forgive them when they do something wrong）

「包容力がある」**open-minded**（＝willing to listen to and consider other peoples' ideas and suggestions）

これらを使って、**X is very charitable and compassionate. / X is very understanding and open-minded.** のように言うことができます。

◎「リーダーシップ」系

「リーダーの器」**leadership qualities / what it takes to be a leader**

「根っからのリーダー」**a born leader〔educator〕 / a charismatic leader**（＝able to attract, influence, and inspire people by their personal qualities）

「人を奮い立たせる」**inspiring**（＝exciting and makes you feel strongly interested and enthusiastic）

「高潔な人」**a person of great character**（＝a combination of qualities such as courage, loyalty, and honesty that are admired and regarded as valuable）/ **a person of integrity**（＝the quality of being honest and having strong moral principles）

●「やり手」に関する人物表現
☐ 意欲的な起業家　an aspiring entrepreneur
☐ 機転の利く先進的な起業家　a resourceful, proactive entrepreneur
☐ 決断力がある　have decision-making abilities
☐ 力強く豪快なリーダー　a dynamic and broad-minded leader
☐ 個性派である　have a unique personality
☐ 自ら進んで努力する発明家　a self-motivated inventor
☐ 好奇心が旺盛　curious about many things［everything］
☐ リスクを恐れず自ら行動を起こす人　a risk-taking self-starter
☐ 頭の回転が速い　have a sharp［an agile］mind
☐ エネルギッシュで努力を惜しまない頑張り屋　very energetic and hard-working
☐ 己の信念を貫く　stick to one's own principles
☐ 意志の強さと根性がある　have a strong willpower and determination
☐ スタミナがある　have physical and mental strength
☐ 負けず嫌いの学生　a very competitive student
☐ 自分の意見をしっかり持っている人　an independent thinker
☐ 自己主張が強い性格である　have a self-assertive character
☐ 自信家で自尊心が高い政治家　a self-confident and self-respecting politician
☐ 積極的で自信家のキャリアウーマン　an active, confident career woman
☐ 感情に流されない用心深い参謀　a dispassionate and cautious advisor
☐ 現実的で損得勘定がしっかりしたビジネスマン　an astute businessperson
☐ 細かく几帳面な会計士　a meticulous accountant
☐ 落ち着いた性格の持ち主である　have a well-balanced character
☐ 思慮深く洞察力に優れた思索家　a prudent insightful thinker（「思慮深い人」は a deep thinker）

Chapter 6

「家・公共施設・
旅行先など様々な場所」
スピーキング力 UP トレーニング

「ホームタウン」「住居」「レストラン」「観光名所」「外国」など、様々な場所に関するトピックでは、次のように質問は多岐にわたります。

質問対策としては、「どこに何があるか」「なぜそこに行くか」「そこで何を楽しめるか」などを言えるようにしておきましょう。

では、以下のような質問にうまく答えられるようにトレーニングしていきましょう。

Where you live（住居）に関する質問

❶ **Do you live in a house or an apartment?**
（住んでいるのは一軒家ですか、それとも集合住宅ですか）

❷ **What do you like about your house / apartment?**
（家の好きな点はどんなところですか）

❸ **Which room do you like the best?**（どの部屋が一番好きですか）

Hometown（ホームタウン）に関する質問

❶ **Which part of Japan do you come from?**
（日本のどの辺りの出身ですか）

❷ **What's the most interesting part of your hometown?**
（ホームタウンで最も興味深いところはどこですか）

❸ **Do you think your hometown has changed in recent years?**
（ホームタウンは最近、変化してきたと思いますか）

The place you want to live and travel to（住みたい場所・旅行先）に関する質問

❶ **Do you want to live in another town?**
（他の町に住みたいと思いますか）

❷ **Where would you most like to live?**
（最も住みたい場所はどこですか）

❸ **What kind of trip do you like to take?**
（どのような旅をしてみたいですか）

また、次のような、ある場所に移り住んだときのライフスタイルに関するトピックもあるので、ポイントを考えてみてください。

Q. Which do you prefer when you move to another country, following the customs of the new country or keeping your own customs?

（新しい国に移ったとき、その国の習慣に従いたいですか、それとも自国の習慣を守りたいですか）

「郷に入っては郷に従え」という意見に賛成の場合は次のような点が考えられます。

1. 雇用の機会が増える（It will give me more job opportunities）／キャリアアップを促進する（It will facilitate my career advancement）
2. 教育・経済活動を促進する（It will facilitate my education and business activities）
3. 文化的衝突を避ける（It can avoid cultural conflicts with local people）
4. 言語の壁を超える（It will help me overcome language barriers）

また、反対の場合は以下の点が考えられます。

1. 自分の文化的アイデンティティを維持する（It will maintain my cultural identity）
2. その国の文化的な多様性を促進する（It will promote cultural diversity in the country）
3. 経済を促進する（It will boost the economy）

それでは以上を踏まえて、例文練習をいたしましょう！

1 「住居」スピーキング力UPトレーニング
Where You Live

現在の住まい（**where you live**）や理想の住まい（**your ideal house**）は、日常会話でよく聞かれるトピックです。それらはどんなもので、自分がこだわるポイントを明確に答えられるようにトレーニングしていきましょう。

テンプレート① 住まいのタイプを述べる

I live in ～.

It has X.

（～に住んでいます。そこにはXがあります）

▶ TRACK 104

Q. Do you live in a house or an apartment?

お住まいは一軒家ですか、それとも集合住宅ですか。

■ 一軒家の場合

テンプレートを使って言ってみよう！

1. 私は神戸の庭付き一戸建てに住んでいます。	**I live in** a detached house with a garden in Kobe.

☞ a detached house「一軒家」

2. ダイニングルームとつながった広いリビングルームがあります。	**It has** a large living room connected to a dining room.

郵 便 は が き

162-8790

東京都新宿区
岩戸町12レベッカビル

ベレ出版

　　読者カード係　行

お名前		年齢
ご住所　〒		
電話番号	性別	ご職業
メールアドレス		

個人情報は小社の読者サービス向上のために活用させていただきます。

ご購読ありがとうございました。ご意見、ご感想をお聞かせください。

● ご購入された書籍

● ご意見、ご感想

● 図書目録の送付を　　　　　　□ 希望する　　　□ 希望しない

ご協力ありがとうございました。
小社の新刊などの情報が届くメールマガジンをご希望される方は、
小社ホームページ（https://www.beret.co.jp/）からご登録くださいませ。

■ 集合住宅の場合

テンプレートを使って言ってみよう！

1. 横浜の高層マンションに住んでいます。	**I live in** a high-rise condominium in Yokohama.

☞ a high-rise condominium「高層タワーマンション」。この他にも one-bedroom flat / studio flat「ワンルームマンション」、dormitory「学生寮」なども言えるようにしよう！

2. 設備の整ったキッチンと広いリビングがあります。	**It has** a well-equipped kitchen and a spacious living room.

☞ ワンランクアップさせるためには modern「モダンな」、fully-furnished「家具類が全て備え付けられた」などの形容詞をつけるようにしよう。

　それでは次に、自分の住まいで気に入っているところを述べたいときに活躍するテンプレートをご紹介しましょう。

テンプレート② 気に入っているところを述べる

> **What I like about X is Y.**
> **I think the best thing about X is Y.**
> （X で気に入っているところは Y です）

　例えば、「気に入っているところは大きなリビングです」と言いたいときは、What I like about my house is a big living room. または I think the best thing about my house is a big living room. となります。

　では次の質問で練習してまいりましょう！

Q. What do you like about your place?

あなたの住居で好きなところはどこですか。

テンプレートを使って言ってみよう！

1. 私のマンションで好きなところは、小さなジムや広々とした共有スペース、コーヒーラウンジなど、様々な施設を自由に使えるところです。	**What I really like about** my apartment **is** that I have free access to a wide range of facilities like a small gym, a spacious common area and a coffee lounge.

☞ have free access to a wide range of facilities「様々な施設を自由に利用できる」。気に入っているところを述べるテンプレート「What I like about X is Y」の Y には that 節を続けても OK！

2. 私の家のいいところは、駅や図書館、ショッピングセンターが近くにあることです。	**What I like about** my house **is** that it is close to a train station, a library, and a shopping complex.

☞ 気に入っているところを述べるテンプレート「What I like about X is Y」の後に that 節を続けると表現しやすい！

続けて考えてみましょう。

テンプレートを使って言ってみよう！

3. 私の家の好きなところは緑あふれる静かな地域にあることです。	**What I like about** my house **is** that it is located in a quiet area overflowing with greenery.

☞ an area overflowing with greenery「緑あふれる地域」

4. 家で好きな点は、緑のある屋上庭園です。	**What I like about** my house **is** the rooftop garden with greenery.

☞ a rooftop garden「屋上庭園」

| 5. 私の家のいいところは、リビングから東京の素晴らしい眺めを眺望できることです。 | **What I like about** my house **is** that the living room has a panoramic view of Tokyo. |

☞ have a panoramic [spectacular] view of ～「～の素晴らしい眺めを眺望できる」はぜひとも覚えたいフレーズ！

▶ TRACK 106

Q. Which room do you like the best?
　どの部屋が一番好きですか。

テンプレートを使って言ってみよう！

| 1. 私が一番好きな部屋は、暇なときに座ってリラックスできるリビングルームです。 | **I think the best room is** the living room where I sit back and relax in my spare time. |
| 2. 心地の良い高級ソファーで映画を見たり、娘と趣味や学校生活について雑談をするのが好きです。 | I enjoy watching movies on my plush couch and chatting with my daughter about her interests and school life. |

☞ sit back and relax「くつろいで過ごす」。a plush couch「高級ソファー」

| 3. 私の家で一番好きな部屋は、リビングルームにつながっているウッドデッキです。 | **I think the best part of my house is** a wood deck connected to a living room. |

☞ a deck connected to a living room「リビングにつながっているデッキ」

| 4. 明るく暖かな日差しが差し込み、とても快適な空間です。 | It is a very comfortable part of the house with bright and warm sunshine. |

　このように、テンプレート（I think the best thing about X is Y）を応用して、気に入っているところを言えるようにしましょう！　部屋はこの他にも a dining room（ダイニングルーム）、a bedroom（ベッドルーム）、a guest room（ゲストルーム）、study（書斎）などがあります。それぞれの部屋で何をするか考えてみましょう。

▶ TRACK 107

Q. What did you buy to make your home look nice?

家がすてきに見えるように買ったものは何ですか。

1. シックなダイニングテーブルと座り心地の良いリクライニングチェアを購入しました。	I bought a chic dining table and comfortable reclinable chairs.
2. それによって、リビングルームはおしゃれに見えます。	This will make our living room look stylish.

☞ chic / stylish「おしゃれな、上品な」。他に antique「アンティークの」、fine furniture「高級家具」なども覚えよう！

▶ TRACK 108

Q. What type of accommodation would you like to live in in the future?

将来、どのようなタイプの住居に住みたいですか。

テンプレート③　理想の家について述べる

The ideal house is X.

（理想の家は X です）

テンプレートを使って言ってみよう！

1. 理想的な住居は、モダンなキッチンと豪華なヨーロッパの家具を備えた立派なダイニングルームのある大きな家です。	**The ideal house is** a large house with a gorgeous dining room equipped with a modern kitchen and luxury European furniture.

2. 最も理想的な住居は、美しい自然に囲まれた大きな一戸建て住宅です。	**The most desirable house is** a large detached house surrounded by beautiful nature.

☞ a detached house「一軒家」

3. 理想的な住居は、自然のままのビーチに簡単にアクセスできる大きな家です。	**The ideal residence is** a large house which has easy access to pristine beaches.

☞ a pristine beach「自然のままの（汚染がなく美しい）ビーチ」

次に、Chapter 5 でご紹介した、「時と場合によって変わる」と言いたいときのテンプレートと「理由を述べる（前）」のテンプレートを復習しましょう。

テンプレート④　「時や場合によって変わる」と述べる

It depends on ~ [the situation].

（～に［状況］によります）

テンプレート⑤　理由を述べる前の表現

(I think) there are several reasons for X[why SV].

（X[SV] の理由はいくつかあると思います）

(I think) there are several factors in X.

（X の要因はいくつかあると思います）

それでは次の質問で練習してみましょう！

Q. Do you think it is better to rent or to buy a place to live in?

住む場所は、賃貸と購入のどちらがよいと思いますか。

テンプレートを使って言ってみよう！

1. 状況によると思います。	**It depends on the situation.**
2. 短期で住む場合は、賃貸する方がよいと思います。	For short living, renting is a better option.
3. 長く住むなら、購入する方がいいと思います。	I think people should buy a house if they live for a long time.
4. これにはいくつかの理由があります。	**There are several reasons for this choice.**
5. まず、家を買うより借りる方が、はるかに費用がかかります。	**First**, it costs much more to rent a house than to buy one.
6. また、家を所有することは良い長期投資になります。	**Second**, owning a house can be a good long-term investment.
7. 研究によると、家は年月が経つにつれて価値が上がることがわかっています。	Studies show that a house will **increase in value** over the years.
8. 家の購入は、不動産投資です。	Buying a house is a **real estate** investment.
9. 不動産を持つことは、長期的に見て、利益になる可能性があります。	Having real estate can be profitable in the long run.

☞ increase in value「価値が上がる」。real estate「不動産」

このように、状況によって選択が変わる場合はテンプレート It depends on the situation.（状況による）を使い、理由がいくつかあるときはテンプレート There are several reasons for X. を使いましょう！

Q. What do you think are the advantages of living in a house rather than an apartment?

マンションよりも一軒家に住むことの利点は何だと思いますか。

テンプレート⑥　利点を述べる前の表現

(I think) there are several benefits to[of] X.

（X の利点はいくつかあると思います）

The first[second / third] benefit is Y.

（1 つ目［2 つ目、3 つ目］の利点は Y です）

　このテンプレートは、「理由を述べる（前）」のテンプレートの応用形です！reasons を benefits に変えると「利点を述べる（前）」のテンプレートに変身します！

テンプレートを使って言ってみよう！

マンションよりも一軒家で暮らすことにはいくつかのメリットがあると思います。	I think there are several benefits to living in a house rather than in an apartment.

■ ペットが飼える

1. 一軒家に住むメリットの 1 つ目は、ペットを飼えることです。	The first benefit of living in a house is that people can have pets.
2. たいていのマンションは、ペットを飼うことを禁止しています。	Most apartments ban pet ownership.

■ 庭がある

1. メリットの２つ目は、多くの一戸建てには裏庭や前庭があることです。	**The second benefit is** that many houses offer backyards or front yards.
2. 個人的な屋外スペースがあることは、戸建てに住むことの利点の１つです。	Having a personal outdoor space is one of the benefits of home-living.

■ 騒音が気にならない

1. メリットの３つ目は、隣人から聞こえる音が低減されることです。	**The third benefit is** that people have less noise from their neighbors.
2. マンションよりも平穏で静かな生活を送ることができます。	People can live a more peaceful and quiet life.

☞ have less noise「騒音が低減される」

　いかがでしたか。わかりやすく利点を述べることができましたか。
　それでは次に、ホームタウンについて話せるようにトレーニングいたしましょう！

②

「ホームタウン」スピーキング力UPトレーニング
Your Hometown

　ホームタウンに関する会話では、**近くにはどのような施設があるのか**（kinds of amenities）、**好んで行く場所**（your favorite places）や**地域が抱える交通問題**（traffic problems）、**改善してほしい点**（areas for improvement）などを話すことが多いです。そこで、このセクションでは、そういった話題についてすらすら話せるようにトレーニングしましょう。

▶ TRACK 111

> **Q. What types of services, such as libraries or health centers, are available in your town?**
>
> あなたの町では、図書館や保健所など、どのようなサービスが受けられますか。

　「どのような種類のサービスがあるか」と聞かれたら、例を示すフレーズを使って、わかりやすく述べてみましょう！

私の町では、図書館、病院、保健所、スーパーマーケット、郵便局、学校など多くの施設が利用可能です。	**Many facilities are available** in my city, **including** libraries, hospitals, health centers, supermarkets, post offices, and schools.

☞ 上記の施設に加えて「スポーツジム、公園、宴会場、会議場」など快適で住みやすくするための設備を表す **amenities** も覚えておこう！

Q. What is a place in your hometown that you enjoy visiting?
あなたのホームタウン（故郷または現在の居住地）で、行くのが楽しみなところはどこですか。

1. 図書館、コンサートホール、保育所など、様々な施設があるコミュニティセンターによく行きます。	**I frequently visit** the community center which has various facilities including a library, a concert hall, and a childcare center.
2. マンションから歩いて行けるショッピングモールによく行きます。	**I frequently visit** the shopping mall located within easy walking distance from my apartment.

☞ within easy walking distance「徒歩圏内に」はぜひとも覚えたいフレーズ。

3. 化粧品、洋服、台所用品や家具など、様々な商品を売っているショッピングモールによく行きます。	**I frequently visit** the shopping mall which carries a huge variety of goods, such as cosmetics, clothes, kitchen utensils and furniture.

☞ I frequently visit ～「～をよく訪れる」はテンプレートとして使える。carry a variety of goods「様々な商品を扱う」

TRACK 113

Q. Where do you most frequently eat out?
最もよく外食する場所はどこですか。

1. 本格的な和食を提供する日本食レストランです。	It is a Japanese restaurant which serves **authentic Japanese foods**.
2. そこではバラエティに富んだ和食を味わうことができます。	I can relish a wide variety of Japanese food there.

☞ authentic「本場の」。relish「味わう」は savor とも言い換え可能！

192

3. 地元の食材を使った日本食レストランです。	It is a Japanese restaurant which serves **local ingredients**.

☞ local ingredients「地元の素材、名物」

4. オープンテラス席のあるイタリアンレストランです。	It is an Italian restaurant with open-terrace tables.

☞ a restaurant with open-terrace tables「オープンテラス席のあるレストラン」

5. ロマンチックな明りの中、心地よい雰囲気でくつろげるフレンチレストランです。	It is a French restaurant where I can relax in a pleasant atmosphere with a romantic dim light.

☞ a dim light「薄暗い光」。また、dim the lights は「照明を落とす」。

▶ TRACK 114

Q. How do you travel to work or school?

通勤・通学の交通手段は何ですか。

1. 普段は最寄りの駅まで自転車で行き、地下鉄に乗って通勤［通学］しています。	I normally ride a bike to the nearest station and take a subway when I **commute to work**[school].

☞ commute to work[school]「通勤［通学］する」

2. 家の近くに公共交通機関がないので、普段は車でオフィスに行きます。	I usually drive to my office because there are no **public transport** facilities near my house.

☞ public transport（英）[transportation（米）]「公共交通機関」は必須の表現で、My hometown has an excellent public transport services[systems].「私の住んでいる町は公共交通機関が非常に整っています」も定型表現！

Q. What traffic problems are there in your area?

あなたの居住地域で交通の問題はありますか。

どの町にも交通の問題点はいくつかありそうですね。ここでも「理由を述べる（前）」のテンプレート応用バージョンが役に立ちます！

テンプレート⑦　問題点を述べる前の表現

(I think) there are several problems for X.

(I think) there are several problems why SV.

（X[SV] の問題点はいくつかあると思います）

problems を reasons に変えると「理由を述べる（前）」のテンプレートですね！　この型はぜひ覚えて応用していきましょう！

私の町にはいくつかの交通問題があると思います。	**I think there are several** traffic **problems** in my town.

■ 電車

1. まず、ラッシュアワーの満員電車は私の町では大問題です。	**Firstly**, a packed rush hour train is a big problem in my town.
2. 多くの人々が遠い職場や学校に同時に移動するからです。	Too many people move to distant workplaces or schools at the same time.

☞ a packed rush hour train「（ラッシュ時の）満員電車」は a rush hour crowded train とも。

3. 2つ目は、事故や大雪・大雨などの悪天候により、運行の中断や遅延が発生することです。	**Secondly, disruptions and delays of services** happen because of accidents and **inclement weather** such as heavy snow and rain.

☞ disruption of services「公共サービスの途絶」、inclement weather「悪天候」はぜひとも覚えたい！

■ 車

| 4. 3つ目は、私の町では交通渋滞が深刻な問題になっています。 | **Thirdly**, traffic congestion has become a serious problem in my town. |
| 5. 貴重な時間を無駄にし、余分な燃料を消費する原因になっています。 | It causes a waste of our valuable time and extra fuel consumption. |

☞ traffic congestion「交通渋滞」は必須語彙で、a traffic jam ともいう。

■ 自転車

| 6. 4つ目は、自転車レーンがない道が多いので車道を走らなくてはならないことが多いです。 | **Fourth**, many roads have no bike lane, so I often have to share the road with other cars. |

☞ a bike lane は「自転車道」のこと。

いくつか自分の町に当てはまる問題点を練習しておきましょう！

TRACK 116

Q. How do traffic problems affect you?

交通問題はあなたにどのような影響を与えますか。

| 1. 仕事に遅れないように、私は早く家を出なければなりません。 | I have to leave home earlier to be in time for work. |
| 2. 毎朝、交通渋滞は本当にストレスがたまります。 | Every morning the traffic congestion is really stressful. |

⏵ TRACK 117

Q. How would you reduce the traffic problems in your area?

あなたの住んでいる地域の交通問題をどのように解決しますか。

1. できるだけ自家用車ではなく、公共交通機関を利用しようと思います。	I would try to use public transportation services instead of a private car as much as possible.
2. 自転車インフラの建設が進んでいるので、自転車を使うようにしたいと思います。	I would try to use a bike because the **bike infrastructure** is being developed.

☞ bike infrastructure「自転車専用レーンの整備」

▶ TRACK 118

Q. Are there any changes that you would like to see in your local area?

お住まいの地域について、今後期待する変化はありますか。

■ 公共サービス・ショッピング施設の拡充

1. 公共施設やサービスの改善を期待しています。	I would like to see the improvement of public facilities and services.
2. そうすれば、多くの人が他の住民と交流する機会を増やすことができます。	It would provide many people with more opportunities to interact with other residents.

☞ このように、求める変化を述べてからその変化にどんなメリットがあるかを述べよう！

3. 新たなランドマーク型商店街の建設を期待しています。	I would like to see the construction of a new landmark shopping complex.
4. そうすると、国内外から多くの観光客が訪れることでしょう。	It would attract many tourists both from home and abroad.

☞ 他のバリエーションとしては the construction of shopping and entertaining facilities「ショッピング・エンターテインメント施設の建設」、the renovation of public libraries「図書館の改修」なども覚えよう！

■ 地元が抱える課題解決

1. 私の住む地域では交通渋滞の緩和をしてほしいです。	I hope that traffic congestion will be alleviated in my local community.
2. 自治体は、交通渋滞の問題に取り組む必要があります。	The **local[municipal] government** has to deal with traffic congestion.

☞alleviate[ease] traffic congestion「交通渋滞を緩和する」は必須語彙！
local[municipal] government「地方自治体」の他に a city hall「市役所」も
一緒に覚えよう！ deal with ～「～に取り組む」は address でも言い換え可能！

3. 自治体には騒音や大気汚染などの問題に取り組んでほしいです。	I want the municipal government to address[deal with] the problems such as noise and air pollution.

☞noise[air] pollution「騒音公害、大気汚染」

4. 自分の住んでいる町のインフラ整備や都市化を進めてほしいです。	I want to see the infrastructure improvement and the urbanization of my town.
5. 鉄道路線の延伸を実現してほしいです。	I want to see the extension of railway lines.
6. そうすれば人々の生活水準が高まるでしょう。	It would enrich people's lives.

　以上のように、求める変化をまず述べてから、その変化にどんなメリットや恩恵があるかを述べると話しやすくなります。汎用性の高い表現として、enrich one's life（生活水準を高め）、provide many people with more opportunities to interact with other residents（多くの人が他の住民と交流する機会を増やす）、stimulate[revitalize] the local economy（地元の経済を活性化させる）、create employment opportunities（雇用を創出する）、develop tourism industry（観光産業を発展させる）、attract more tourists from both home and abroad（国内外からの観光客がさらに増える）などを使えるようにしましょう！

③ 「住みたい場所・旅行先」スピーキング力UPトレーニング
Your Ideal Living Location and Travel Destinations

　　住みたい場所（**your ideal living location**）や旅行したい場所（**the place you want to travel to**）についてのやりとりは、日常会話でも検定試験の面接でもよく聞かれます。また、「**郷に入っては郷に従え**」（**Do in Rome as the Romans do**）についての意見を求められた場合もしっかり話せるようにトレーニングしましょう。

▶ TRACK 119

Q. Would you like to live in another town or city?

　他の町に住みたいと思いますか。

　　この質問では、住みたい場所を先に述べ、理由がいくつかある場合は、「理由を述べる（前)」のテンプレートを用いてみましょう！

■ バルセロナの場合
テンプレートを使って言ってみよう！

1. はい。私はいつかバルセロナに住みたいと思っています。	Yes. I would like to live in Barcelona someday.
2. そこに住みたい理由はいくつかあります。	**There are several reasons why I want** to live there.
3. 1つ目の理由は、バルセロナはヨーロッパの伝統文化にあふれ、世界遺産もある世界的に有名な都市だからです。	**First**, it's a world-famous city full of traditional European culture and World Heritage Sites.

☞ World Heritage Sites「世界遺産」。

4. 2つ目の理由は、パエリアやトルティージャ（オムレツのようなもの）などスペイン料理が大好きだからです。	**Secondly**, I love Spanish cuisine such as *paella* and *tortilla*, a kind of omelet.

　このように「理由を述べる（前）」テンプレート（152ページ）で理由を述べて、サポート文を述べるとわかりやすい！ また、次のように短く答える方法もあります。

■ 沖縄の場合

1. はい。沖縄は都市部に比べて共同体の意識が強いので、住んでみたいです。	Yes. I would like to live in Okinawa because it has **a strong sense of community** compared to urban areas.
2. また、仕事をしていないときに、いつでも自然に触れられるのは最高です。	It's also great to **commune with nature** in Okinawa whenever I'm not working.

☞ a strong sense of community「強い連帯感、共同体意識」。「自然と触れ合う」は commune with nature または come into contact with nature。

　ではもう1つ、住みたい場所の質問を考えてみましょう。

▶ TRACK 120

> **Q. Where would you most like to live? Describe the place and explain why you would like to live there.**
>
> 最も住みたい場所はどこですか。その場所を描写し、なぜそこに住みたいのかを説明してください。

1. 私が一番住みたい場所は、日本の古都京都です。	**The place that I would like to live in most is** Kyoto, an ancient capital of Japan.

☞ an ancient capital「古都」

テンプレートを使って言ってみよう！

2. この選択にはいくつかの理由があります。	**There are several reasons for** my choice.
3. まず、古風な趣のある古い町並みの雰囲気を味わえるからです。	**The first reason is** I can enjoy the atmosphere of a quaint old town.

☞ quaint「古風な趣のある」

4. 京都は、日本の伝統美術と世界遺産で世界的に有名な都市です。	Kyoto is a world-famous city for its traditional Japanese fine arts and World Heritage sites.

☞ world-famous for ～「～で世界的に有名な」、traditional fine arts「伝統美術」を覚えておこう。

5. 2つ目の理由は、世界中から訪れる多くの観光客と交流できることです。	**The second reason is** I can interact with many visitors from all around the world.
6. 日本の代表的な観光地である京都には、毎年何百万人もの観光客が訪れます。	As a major tourist spot in Japan, Kyoto attracts millions of visitors every year.

☞ interact with ～ は「～と交流する」。tourist spots「観光地」は tourist destinations と言い換え可能。attract visitors「観光客を惹きつける」

7. ここなら、外国人観光客を案内する機会があるでしょう。	This place will give me opportunities to show foreign tourists around.

☞ show ～ around は「～を案内する」。

▶ TRACK 121

Q. Do you prefer to live in a city or in the countryside?
都会と田舎のどちらで暮らしたいですか。

この問題には、Chapter 4（p. 108）でご紹介した「どちらが好きかを述べる」

テンプレートが使えますね！

■ 都会で暮らしたい

テンプレートを使って言ってみよう！

1. 都会に住む方がよいです。	**I prefer** to live in a city.
2. この選択にはいくつかの理由があります。	**There are several reasons for** my choice.
3. 第1に、都会は文化・情報・経済・政治の中心だからです。	**Firstly**, a city is the center of culture, information, commerce, and politics.

☞ the center of culture, information, commerce, and politics「文化・情報・商業・政治の中心」

4. 第2に、教育機関は都市部に集中しているからです。	**Secondly**, educational institutions are concentrated in urban areas.

☞ educational institutions「教育機関」。be concentrated in urban areas で「都会に集中している」。

5. 第3に、都会には多くの劇場やショッピング街があるからです。	**Thirdly**, there are many theaters and shopping districts in urban areas.

☞ theaters「劇場」、shopping districts「ショッピング街」

このように「理由を述べる」テンプレートを使うと、論理的でわかりやすくなりますね！それでは「田舎で暮らしたい」方でも、同じテンプレートを使って練習してみてください。

■ 田舎で暮らしたい

テンプレートを使って言ってみよう！

1. 田舎の方がよいです。	**I prefer** to live in rural areas.
2. この選択にはいくつかの理由があります。	**There are several reasons for** my choice.

3. 第1に、大都市に比べて、地域のつながりが強いからです。	**Firstly**, rural areas have a strong sense of community compared to urban areas.

☞ a strong sense of community「強い連帯感、共同体意識」

4. 第2に、健康的な生活を送ることができるからです。	**Secondly**, we can enjoy a healthy life in the countryside.

☞ enjoy a healthy life「健康的な生活をする」は、live a less stressful life ともいえる。

5. 第3に、交通渋滞が少なく、空気がきれいだからです。	**Thirdly**, there is less traffic congestion and pollution.

☞ less traffic congestion「交通渋滞が少ない」。less pollution は clean air「きれいな空気」ともいえる。

6. 最後に、田舎だと自然と触れ合えるからです。	**Lastly**, we can come into contact with nature in the countryside.

☞ come into contact with nature「自然と触れ合う」は、commune with nature と言い換え可能！

> **Q. When people move to other countries to live, should they follow their customs and traditions?**
>
> 他の国に移住することになったら、移住先の慣習や伝統に従うべきでしょうか。

1. その国の文化的伝統に順応することは概ね有益なことだと思います。	I believe that it is generally beneficial for them to adapt themselves to the cultural traditions in the country.

☞ generally beneficial「概ね（だいたい）利点が多い」

2. この意見にはいくつかの理由があります。	**There are several reasons for** this opinion.
3. 第1に、キャリアと学業で成功の機会を増やすことができます。	**Firstly**, it will increase opportunities for career and academic success.

☞ academic success「学業での成功」

4. 就職活動の場合、採用側は、文化的規範の中で望ましい特性を持つ人に仕事の機会を与える可能性が高くなります。	In job hunting, the hiring committee are more likely to offer job opportunities to people with desirable traits in the **cultural norm**.

☞ traits「（人に備わった）特徴」、cultural norm「文化的規範」

5. 寡黙を重んじる国で育った人が、自己主張を重んじる国に移住した場合、自己主張を身につけない限り、その人が仕事に就くことはないでしょう。	If people brought up in a country that **values reticence** moves to another country that **values assertiveness**, they are unlikely to get a job unless they learn to become assertive.

☞ reticence「寡黙さ」、assertiveness「自己主張」。value 動は「価値を置く」という重要表現。

6. 同様に、自分の意見を言わない人は自己主張を重視した授業では成功しません。	Likewise, those who don't express their opinions will not become successful in the **assertiveness-oriented** classroom.

☞ assertiveness-oriented「自己主張志向（主義）の」、〜-oriented「〜志向（主義）の」は他に、academic-oriented「学歴重視の」、action-oriented「アクション系の」、career-oriented「キャリア志向の」など応用範囲が広いのでぜひ活用しよう！

7. 第2に、孤立せずに、地元の人々との交流を深めることができます。	**Secondly**, it will help newcomers avoid isolation and interreact with local people.

8. キスやハグで挨拶する文化の人が、スキンシップが少ない新しい国で同じことをしたら、現地の人を嫌な気分にさせたり、困らせたりする可能性が高くなります。	If people from a culture where people often greet others with kisses and hugs do the same in a country where there is little physical contact, they will most likely annoy or embarrass local people.

☞ people from a culture where ～「～の文化出身の人」も覚えておこう。physical contactは「スキンシップ」。

9. でも、地元の慣習に従えば、コミュニティの一員として受け入れられる可能性が高くなります。	But, if they follow the customs, they will most likely be accepted as members of the community.
10. こうすることで、地元の人との交流が生まれ、新しく来た人のためになります。	This, in turn, will benefit newcomers by **opening the channels for** interaction with local people.

☞ in turn「お返しに、返礼として」、open the channels for ～「～のためのドアを開く」

　いかがですか。少し長い答えになりましたが、1つずつ理由と例を述べていて、わかりやすい説明になっていますね。ぜひ言えるようにトレーニングしてみてください。

▶ TRACK 123

> **Q. What kind of trip would you like to take in the future?**
> 将来どのような旅をしてみたいですか。

テンプレート⑧　数ある選択肢のうちの一番を述べる

① **Although there are many X I would like to Y, the very first on my list is Z.**

または、

② **There are quite a few X that I want to Y (very much), but the one that comes[ranks] first on my list is Z.**

（YしたいXはたくさんありますが、一番YしたいのはZです）

Chapter 4 でもご紹介しましたが、「もし〜するなら、どれがいいですか」のような質問の際に大活躍するテンプレートです。

「してみたい旅はたくさんあるのですが」と言ってから、「一番してみたい旅は○○です」と続けるのは非常にわかりやすい話し方です。このテンプレートをぜひ活用しましょう！

テンプレート⑨　理由を述べた後の締めの表現

That's why I want to V.

（だから〜したいです）

理由を2つ3つ述べて、ちょっと長めに話したときには最後にこの表現を使って締めるとよいでしょう。

■ 世界一周旅行の場合

テンプレートを使って言ってみよう！

1. 行ってみたい旅行はたくさんあるのですが、一番行きたい旅は、豪華な世界一周航海旅行です。	**There are many trips I want to take, but the one that comes first on my list is** a luxury cruise around the world.

☞ a luxury cruise around the world「豪華な世界一周のクルーズ」

2. この旅行を選んだ理由はいくつかあります。	**There are several reasons why I choose** this trip.
3. まず、このクルーズには、歴史的名所への多くの小旅行が含まれています。	**Firstly**, the cruise includes many excursions to scenic and historic spots.

☞ an excursion「小旅行」、a historical spot「歴史的名所」

4. それらの場所に行くことで、いろいろな国の文化を垣間見ることができます。	Visiting those sites will give me a glimpse of the cultures of various countries.

☞ give me a glimpe of ～ は「～を垣間見たり、少し体験できる」の必須表現。

5. 2つ目の理由は、受賞歴のあるシェフが作る様々な料理を味わうことができるからです。	**Secondly**, guests can savor various dishes cooked by award-winning chefs.

☞ savor「味わう」、an award-winning chef「受賞歴のあるシェフ」はぜひとも覚えたい表現！

6. 地元の新鮮な食材や魚介類、上質なワインの数々を楽しむことができます。	They can enjoy fresh local ingredients and seafood as well as a large collection of quality wines.

☞ fresh local ingredients「地元の新鮮な食材」、quality wine「上質なワイン」。fine wine「高級ワイン」も一緒に覚えよう！

7. 3つ目は、おしゃれな家具のある快適な部屋に泊まれることです。	**Thirdly,** guests can stay in a comfortable room with stylish furniture.
8. というわけで、豪華客船で世界一周航海をしたいと思っています。	**That's why I want to take** a luxury cruise around the world.

☞ 理由をいくつか述べた後の締めのテンプレート That's why I want to V. 「だから〜したいです」を使うとしっかり締めくくることができる！

もう 1 つ、北海道を例にとって練習してみましょう。

■ 北海道旅行の場合

テンプレートを使って言ってみよう！

1. 行ってみたい旅行はたくさんあるのですが、一番行きたい旅は、北海道の観光ツアーです。	**There are many trips that I want to take, but the one that comes first on my list is** a sightseeing tour to Hokkaido.
2. 日本を代表する観光地として知られ、毎年国内外から何百万人もの人々が訪れます。	It is known as one of Japan's popular tourist destinations, attracting millions of tourists from home and abroad every year.

☞ a tourist destination「観光目的地」、from home and abroad「国内外から」

3. この旅行を選んだ理由はいくつかあります。	**There are several reasons why I choose** this trip.
4. まず、最大の港町のひとつである函館では、活気あふれる地元の魚市場で新鮮な魚介類をリーズナブルな価格で楽しむことができます。	**Firstly,** in Hakodate, one of the biggest port towns, you can enjoy fresh seafood at reasonable prices in vibrant local fish markets.

☞ a port town「港町」、a vibrant market「活気あふれる市場」

5. 2つ目の理由は、世界自然遺産に登録されている知床国立公園は、美しい自然を楽しむのに最適な場所だからです。	**Secondly**, Shiretoko National Park, a World Natural Heritage-listed site, is a perfect place to enjoy the beauty of nature.

☞ a perfect place to 〜「〜するのに最適な場所」はぜひとも覚えたいフレーズ！

　いかがでしたか。以上で「様々な場所」のトピックについて論理的に話すトレーニングは終了です。本章の【9 個のテンプレート】をぜひ何度も読み直して、様々な場所について話せるように練習してください！　それでは、次の「好きなもの」スピーキング力 UP トレーニングへ張り切ってまいりましょう！

Chapter 7

「好きなもの」
スピーキング力 UP トレーニング

日常会話で「好きなもの」について話す機会は、非常に多く、例えば「最近買ったお気に入りのもの」「将来買いたいもの」「日常生活に欠かせないもの」「好きな動物」「好きな色」「好きな数字」「好きなアート」「好きなアニメ」など、話題は多岐にわたります。「モノ系」トピックでは、その物の**「特徴（大きさ、色、機能、新しさ）」**や、**「どのような場面で使うか」「いつ」「どこで」「どのように」「いくらで」**手に入れたかなど、それにまつわるエピソードを用意しておくと会話がどんどんふくらみます。また、それが**「人生に与えた影響」**まで話せると、深みのある内容になります。**「お気に入りの食べ物・色・動物・数字」**などでは、自分の好みを話せるようにするのと同時に、好みによる性格分析などへ会話を展開させることも可能です。

この分野でよく聞かれる質問としては以下のようなものがあります。

❶ **What is your most valuable possession?**
（最も大切にしている所有物は何ですか）

❷ **What is the best thing that you've recently bought?**
（最近の買い物でベストのものは何ですか）

❸ **What would you like to buy in the future?**
（将来買いたいものは何ですか）

❹ **What is your favorite food / color / animal / number / art / anime?**
（好きな食べ物・色・動物・数字・アート・アニメは何ですか）

では、各ジャンルの質問に答えるトレーニングにまいりましょう！

❶

「最も大切なもの・最も欲しいもの」スピーキング力UPトレーニング
My Treasure and My Desired Items

　自分にとって**最も大切なもの**（**what I treasure most**）（たとえば入学祝いのプレゼント）や**最近購入したお気に入りのもの**（**my favorite items I've recently bought**）、そして**今一番欲しいもの**（**what I want most**）などは、日常会話でよく聞かれるトピックです。それらはどんなもので、なぜ大切かを間髪入れずに答えられるようにトレーニングしていきましょう。

テンプレート①　最も大切にしているものを述べる

My most valuable possession is X[具体的なもの]（that）I have been using for Y years.
（私が最も大切にしているものは、Y年間使っているXです）

My treasure is X that I have been using for Y years.
（私の宝物は、Y年間使っているXです）

This X has been my treasure since my twenties.
（このXは20代からずっと私の宝物です）

This X was the gift（that）Y[プレゼントの贈り主]gave me.
（このXはYが贈ってくれたプレゼントです）

　「最も大切にしているもの」を述べたいときに大活躍のテンプレートです。「最も大切にしているもの」は **my most valuable possession** といえ、**my treasure**（私の宝物）や **my prized possession**（とっておきのもの）ということもできます。物の名前（カテゴリ）を述べた後、（that）SV...で「何年

くらい使ってきたか」や「誰がくれたか」「どこで買ったか」などの詳細情報を、(that) I have been using for more than a decade（10 年以上使ってきた）や、(that) my best friends gave me more than twenty years ago（20 年以上前に親友がくれた）、(that) I bought in Paris several years ago（数年前にパリで購入した）のように追加していきます。例えば、「私の宝物は、高校生のときに親友から誕生日プレゼントとしてもらったブレスレットです」なら、My treasure is a bracelet (that) my best friend gave me as a birthday present when I was a high school student. となります。

テンプレート②　大切にしているものを述べる

Thanks to X[大切にしているもの], I can do ...
（X のおかげで、…できます）

「大切にしているものとその特長」のおかげで、どんなメリットがあったのかを述べます。たとえば、「スマホのおかげで、海外在住の友人とも簡単に連絡を取れるようになりました」なら、Thanks to the smartphone, I can easily keep in touch with my friends living abroad. となります。

　ではこれらのテンプレートを使って、以下の質問に答えるトレーニングをしていきましょう！

▶ TRACK 124

Q. What is your most valuable possession?

最も大切にしている所有物は何ですか。

テンプレートを使って言ってみよう！

1. 私の一番の宝物は、20 年以上愛用している時計です。	**My most valuable possession is** the watch **I have been using for** more than twenty years.

☞ valuable の代わりに、priceless「価値がつけられないぐらい貴重な」、precious「貴重なので大切に扱わなければならない」も使える。

212

■「Xからもらったもの」の場合

テンプレートを使って言ってみよう！

2. この時計は、大学合格祝いに父が初めてくれたプレゼントです。	**This** watch **was the first gift** my father **gave me** to celebrate my acceptance to college.

☞ an acceptance letter は「合格通知」、acceptance rate は「合格率」。

テンプレートを使って言ってみよう！

3. 人気アニメのキャラクターが描かれたこの時計のおかげで、クラスメートとたくさん友達になれました。	**Thanks to** the watch featuring popular cartoon characters, I made a lot of friends with my classmates.

☞ 「特長」を述べるには「featuring＋特長」を使い、a video featuring Japanese festivals「日本の祭をフィーチャーしたビデオ」のようにいう。

テンプレート③ 最近買ったお気に入りを述べる

One of my favorite items I've bought recently is X.
（最近買ったお気に入りのものにXがあります）

この「最近買ったお気に入り」を述べるテンプレートは、導入文として頻繁に使われます！

テンプレート④ 物の特長を述べる

It's a/an（形容詞）＋X[物] with excellent features like Y
[具体的な特長]。
（それはYのような素晴らしい特性を備えたXです）

物の特長を述べるテンプレートです。例えば、ソファーベッドを例に、その

特長を述べてみましょう。特長＝「コンパクトさ（compactness）」と「耐久性（durability）」と言いたい場合は、It's a modern sofa bed with excellent features like compactness and durability.（それはコンパクトで耐久性が高いといった優れた特長を持つ、モダンなソファーベッドです）となります。

　ではこれらのテンプレートを使って、以下の質問に答えるトレーニングをしていきましょう！

▶ TRACK 125

Q. What is the best thing that you've recently bought?
最近の買い物でベストのものは何ですか。

テンプレートを使って言ってみよう！

1. 最近買ったお気に入りは、昨年から目をつけていた自転車です。	**One of my favorite items I've bought recently is** a bike that I've had my eye on since last year.

☞ have one's eye on ～ は「～に目をつける」。

テンプレートを使って言ってみよう！

2. 足への負担を軽減する、衝撃に強い構造といった優れた機能を備えたドイツ製自転車です。	**It's a** German bike **with excellent features like** a shock-resistant structure that relieves strain on the legs.

☞ a shock-resistant structure は「衝撃に強い構造」、relieve strain on the legs は「足への負担を軽減する」。

3. 毎朝この自転車で通勤しているので、定期的に健康も気力も増進させるのに一役買っています。	I ride this bike to work every morning, which helps me enhance my fitness and energy levels regularly.

☞ ride a bike to work は「自転車通勤する」、enhance[increase] one's fitness and energy level は「健康と気力を高める」。

4. 今ではこの自転車なしでは生きていけないと言っても過言ではありません。	It's no exaggeration to say that I couldn't live without my bike now.

☞ It's no exaggeration to say that SV は「〜と言っても過言ではない」。

テンプレート⑤　今一番欲しいものを述べる

What I want most is X.

（私が一番欲しいものは X です）

I want to buy Y.

（Y が買いたいです）

　最も欲しいものを述べるテンプレートです。X には、お金で買える「物」だけではなく、「ゆったりする時間」や「信頼できる部下」「何でも話せる友」など多岐にわたる答えが可能ですが、ここでは購入できる物（property）に限定して考えてみましょう！

▶ TRACK 126

Q. What do you want most now?

　今一番欲しいものは何ですか。

■ 家の場合

テンプレートを使って言ってみよう！

1. 私が一番欲しいのは、設備の整った広いゴージャスな家です。	**What I want most is** a large gorgeous well-equipped house.

☞ a well-equipped house は「設備の整った家」。

2. センスの良い家具やおしゃれな電化製品、南向きの日当たりの良い庭や見晴らしの良いテラスがあります。	It has tasteful furniture, stylish electrical appliances, and a south-facing sunny garden and a terrace with a nice view.

☞ a south-facing sunny garden は「南向きの日当たりの良い庭」、a terrace with a nice view は「素晴らしい眺めのテラス」。その他 an all-electric home [house] なら「オール電化の家」、a flooring equipped with underfloor heating なら「床下暖房仕様の床」となる。

■ 車の場合

1. ベンツや BMW といった高級車が欲しいです。	I want luxury cars such as a Mercedes and a BMW.

☞ a luxury[premium / fancy / high-end] car は「高級車」、その反対は an economy car。

2. なぜなら、これらの車は富と社会的成功のステータスシンボルだからです。	This is because those cars are a status symbol of wealth and social success.

☞ a status symbol of ~ は「~のステータスシンボル」。

■ アンティーク家具の場合

テンプレートを使って言ってみよう！

1. 一番欲しいのは、リビングルームを彩る趣あるデザインのアンティーク家具です。	**What I want most is** antique furniture with a tasteful design, which graces my living room.

☞ grace one's room「部屋を彩る」の他に、jazz up one's room「部屋を生き生きとさせる」も重要！

2. ただ、値段に手が出ないかもしれないので、中古の家具にしようと思っています。	But it may not be affordable, so I would settle for second-hand furniture.

☞ not affordable 「値段に手が出ない」は、too expensive ともいえる。settle for ~ は「不満足ながら~で妥協する」という意味。 その他、because of the limited budget 「限られた予算のため」、have a keen interest in ~ 「~に強い関心を持つ」など使って以下のようにも言える。I have a keen interest in antique furniture, but would settle for second-hand furniture because of the limited budget. 「アンティーク家具に興味があるのですが、予算が限られているため中古家具で我慢します」

▶ TRACK 127

Q. What kinds of furniture do you want to buy for your new place?

新居に置くとしたら、どんな家具を買いたいですか。

---

1. アパートには、白くて丸いキッチンテーブルと椅子、本棚やタンス、そしてソファーベッドを買いたいです。	For my apartment, **I want to buy** a round, white kitchen table and chairs, bookshelves, a wardrobe, and a sofa bed.

☞ wardrobe は「（大きな）衣装ダンス、所有するすべての衣服やアクセサリー」の意味がある。

2. 他にも欲しい家具はありますが、小さなマンションには収まりきりません。	**I'd love to have** more pieces of furniture, but I can't fit them in my small condo.

☞ a condo（＝ condominium）は「分譲住宅」のことで、英語の mansion は「大邸宅」のこと。

3. 今後、広い部屋に引っ越すことがあれば、絶対にもっと買います！	If I move to a spacious room in the future, I'll definitely buy more!

☞ a spacious room 「広々した部屋」も重要表現！

Q. What would you do if you won a large amount of money in the lottery?

もし宝くじで多額のお金を当てたらどうしますか。

■ 家を買いたい

| 1. 私なら、大きなダイニングルームとモダンスタイルのキッチンとプール付きの大きな家を買います。 | I would buy a large house with a big dining room, a modern kitchen and a pool. |
| 2. 友人を自宅に招いて夕食を共にし、親交を深めようと思います。 | I would invite my friends for dinner at my house to deepen friendship with them. |

☞「invite＋人＋for dinner at＋場所」で「人を～でのディナーに招待する」となる。

■ 寄付したい

| 私は全ての子供たちに均等な機会を与えたいので、そのお金を孤児たちのために寄付します。 | I would donate the money to charity for orphans because I want to level the playing field for all children. |

☞ donate the money to charity「チャリティに寄付する」、level the playing field for all children「すべての子供たちに平等な機会を与える」は重要表現！

Q. What is it that you don't have now but would really like to own in the future?

今は持っていないけれども、将来はぜひ手に入れたいものは何ですか。

| 1. 海辺に憧れの家を持ちたいです。 | I dream of having a house near the beach. |

☞ dream of ～ing は「～を夢見ている」で、「将来何かを持ちたい」と述べる際に使える。a house of my dream は「憧れの家」。

2. そう思い始めたのは、アメリカでビーチ沿いの家に偶然滞在したことがきっかけです。	The idea came to me when I got a chance to stay in a house next to the beach in the US.

☞ the idea came to me「その考えが浮かんだ」は it occurred to me ともいえる。

3. その家を見た瞬間、私は一目惚れしてしまいました。直接裏口からビーチへ出て、美しい海辺の景色を眺めることができたのです。	As soon as I saw the house, I fell in love with it because I could access the beach right through the back door to enjoy the beautiful scenery of the beach.

☞ fall in love with X［物］で「X に心を奪われる」。X に「人」がくると「～と恋に落ちる」となる。どちらの使い方も重要！ access the beach は「ビーチへアクセスする」で、access は他動詞なので to は不要！

4. さらに、その家はオーダーメイドの素材と、最先端の設計で建てられていました。	In addition, the house was built in a state-of-the-art design with custom-made materials.

☞ a state-of-the-art design「最先端の設計」、custom-made materials「オーダーメイドの素材」も重要表現！

5. 海辺暮らしを可能にする、夢のような家を持ちたいです。	I want to own such a dream house that allows me to live right on the beach.

☞ a dream house［home］「夢のような家」のように、a dream man［woman］「理想の男性［女性］」、a dreamboat「理想の人」のように使える。

Q. When you buy something, which is more important for you, quality or price?

何か商品を購入する際、品質と価格のどちらをより重視しますか。

■ 品質の場合

1. 商品を買うときは、価格よりも品質の方が重要だと思います。	I think quality is more important than price when you buy some products.

☞「X is more important than Y」「X は Y より重要だ」は What counts more is X (quality) rather than Y (price). ともいえる！

2. 高品質の品を購入する方が、長期的に経済的なのです。	Buying high-quality products is more economical in the long run.

☞ high-quality products「高品質の品」は、quality products ともいう。economical は「経済的な」、in the long run は「長期的に」。

3. 高品質のアイテムはたいてい高価ですが、通常は長持ちします。	Quality items are usually expensive, but they usually last longer.

☞ last longer「耐久性がある」は be more durable ともいえる。

4. 多くの安価な製品は簡単に壊れたり損傷したりするため、修理や交換に多くの費用がかかります。	Many cheap products are easily broken or damaged, costing more money for repair or replacement.

☞ repair or replacement は「修理や交換」。

5. 高品質な電化製品は多機能なので、生活をより快適に、便利にします。	High-quality electric appliances make your life more comfortable and convenient with multiple functions.

☞ high-quality electric appliances「高品質な電化製品」、multiple functions「多機能」も重要表現！

| 6. たくさんの便利な機能を備えた高品質の製品は、間違いなく価格に見合う価値があります。 | Quality products with many useful functions are definitely worth the price. |

☞ be worth the price は「価格に見合う」。

■ 価格の場合

1. 商品を購入する際、品質よりも価格の方が重要だと思います。	I think price is more important than quality when you buy some products.
2. 低価格の商品は、取り扱いに気を使わなくてすみます。	You can use cheap goods without worrying about handling them.
3. 高品質のアイテムは、常に注意を払って取り扱わなくてはいけません。	You need to be very cautious about using or treating quality items all the time.

☞ be cautious about ～は「～について注意を払う」。

| 4. (低品質の商品は) たとえ失くしても落ち込まないでしょう。 | Even if you lose them, you won't be so disappointed. |

☞ even if SV ... は「たとえ～しても」、be disappointed は「残念に思う」。

| 5. 特に食器洗剤やティッシュペーパーなどの日用品を選ぶ際、価格はより重要です。 | Price is more important for everyday items such as dish soap or tissues. |

☞ A such as B 「B のような A」 (例を示す際に使える)。everyday items は「日用品」。

| 6. 使い捨てや替えが効く生活必需品は、品質がそれほど重要ではありません。 | Quality is not so important for daily necessities which are disposable and replaceable. |

☞ daily necessities 「生活必需品」、disposable 「使い捨ての」、replaceable 「替えが効く」など重要！

221

② 「好きなジュエリー・芸術作品・アニメ」スピーキング力UPトレーニング
My Favorite Jewelry, Artworks, and Animes

　好きなものといえば、若者の場合は、外国人にもファンが多いといわれる、世界に誇る**日本のアニメ（Japanese Animes）**、女性の場合は**ジュエリー（Jewelry）**や**芸術作品（artworks）**の話題が、small talk で頻繁に出てくるでしょう。そこで、このセクションでは、そういった話題についてすらすら話せるようにトレーニングしましょう。

▶ TRACK 131

> ## Q. What kind of jewelry do you like to wear?
> どんなジュエリーを身につけるのが好きですか。

テンプレート⑥　選択を述べる

> **If I were to choose, I'd opt for X.**
> （もし選ぶとしたら、X を選びます）

　どうしても選択しないといけない状況での返事に使うテンプレートです。「もし選ぶとしたら、白い方を選びます」なら、If I were to choose, I'd opt for the white one. のように使います。

テンプレート⑦　理由を述べる

> **The reason is that[because] SV.**
> （その理由は〜です）

理由を述べるテンプレートのひとつです。例えば、「その理由は白色は部屋をより広く見せるからです」なら The reason is that the while color makes the room more spacious. のようになります。また、主語を the biggest reason（その最大の理由）、the major reason（その大きな理由）とすることもできます。

ではこれらのテンプレートを使って、質問に答えていただきましょう！

テンプレートを使って言ってみよう！

1. もし私が選ぶとしたら、ゴールドのネックレスかブレスレットを選ぶと思います。	**If I were to choose, I'd opt for** gold necklaces or bracelets.

テンプレートを使って言ってみよう！

2. その理由は、人目を引くし、身につけている人を華やかに見せるからです。	**The reason is that they are** eye-catching and make the people who wear them look gorgeous.

☞ eye-catching は「人目を引く」で、attention-getting は「注意を引く」。look gorgeous は「華やかに見える」。

▶ TRACK 132

Q. What is your favorite art?

あなたの好きなアートは何ですか。

223

テンプレート⑧ 魅了されるポイントを述べる

I am mesmerized by X that depict Y.

（Y を描く X に魅了されます）

I love X.

（X が大好きです）

ではテンプレートを使って、質問に答えていただきましょう！

■ 印象派絵画の場合

テンプレートを使って言ってみよう！

1. 私は、クロード・モネやルノワールなど、フランス印象派画家の絵が大好きです。	**I love** paintings by French Impressionist painters such as Claude Monet and Auguste Renoir.

☞ French Impressionist painters は「フランスの印象派画家」。

テンプレートを使って言ってみよう！

2. 絶えず変化する光と色彩の融合により、その時々の印象を描き出す彼らの絵画に魅了されています。	**I am mesmerized by** their paintings **that depict** the visual impression of the moment by an ever-changing blend of light and color.

☞ the visual impression of the moment は「その時々の印象」。ever-changing 「絶えず変化する」は、an ever-changing life [environment / world / climate] 「絶えず変化する人生［環境、世界、気候］」のように幅広く使える。

■ 抽象画の場合

テンプレートを使って言ってみよう！

1. 私はビジュアルアート、特にいつも私の想像力を刺激してくれる抽象画に魅せられています。	**I am mesmerized by** visual arts, especially abstract art, which always stimulates my imagination.

☞ stimulate one's imagination は「想像力を刺激する」。

2. 抽象芸術の意味や芸術家の感情を理解しようとすることは、とても魅力的で興味深いと思います。	I find it fascinating and intriguing to try to comprehend the meaning of abstract art and the emotions of the artists.

☞ I find it fascinating and intriguing to V は「～することは魅力的で興味深いと思う」。fascinating は「心を奪われる」、intriguing は「見たことがなく、謎めいていて、予測ができないために非常に興味をそそる」という意味。

▶ TRACK 133

Q. What is your favorite anime?

あなたの好きなアニメは何ですか。

テンプレート⑨　物語のテーマを述べる

X[作品名] conveys the importance of Y.

（X は Y の大切さを伝えています）

X[作品名] is an amazing work that deals with Y.

（X は Y を扱った素晴らしい作品です）

X[作品名] portrays Y[テーマ].

（X は Y を描いています）

「物語のテーマ」を述べるテンプレートです。X には**「作品名」**が、Y には

「**物語のテーマ**」が入ります。Y に入れる代表的な表現は、**family and friends**（家族と友人）、**friendship**（友情）、**hard work**（勤勉）、**effort**（努力）、**courage**（勇気）、**determination**（意志の強さ）などが挙げられます。

　ではこれらのテンプレートを使って、質問に答えるトレーニングをしましょう！

■『One Piece』の場合

テンプレートを使って言ってみよう！

| 1. 私の好きなアニメは『One Piece』です。 | My favorite anime is *One Piece*. |
| 2. この物語は努力、友情、勝利の大切さを伝えています。 | The story **conveys the importance of** hard work, friendship, and victory. |

☞ convey は主に message（情報）、feelings（感情）、meaning（意味）などを伝える。

| 3. 多くの人が見習いたいと思うような特徴がこの物語にはたくさんあります。 | There are many characteristics that most people want to emulate in the story. |

☞ emulate ～「～を見習う」はぜひ使えるようにしよう！

| 4. この物語には、印象的な言葉や格言、深いセリフがたくさんあります。 | This story has many memorable words and quotes and deep dialogues. |

☞ memorable words and quotes は「印象的な言葉や格言」。

| 5. 読者は、物語中で描かれるルフィー、ゾロ、サンジなど個性的で魅力的な登場人物に共感、共鳴することでしょう。 | The readers will empathize and sympathize with the unique and fascinating characters including Luffy, Zoro, and Sanji. |

☞ empathize and sympathize with ～「～に共感・共鳴する」は重要表現！

| 6. キャラクターの回想シーンが登場し、読者に主人公への強い思いを引き起こします。 | Featuring the recollections of each character, the story evokes in the readers strong feelings for the main characters. |

☞ recollections「回想」、evoke strong feelings in (人)「(人) に強い思いを引き起こす」は重要表現！

■『鬼滅の刃 (Blade of Demon Slayer)』の場合

テンプレートを使って言ってみよう！

| 1. 私の好きなアニメは『鬼滅の刃』です。 | My favorite anime is *Blade of Demon Slayer*. |
| 2.『鬼滅の刃』は、まさに生と死をダイレクトに扱った素晴らしい作品です。 | *Blade of Demom Slayer* is **an amazing work that deals** directly **with** life and death. |

テンプレートを使って言ってみよう！

| 3. 兄妹や家族の深い絆を描いた物語です。 | The story **portrays** the deep bond between siblings and family members. |
| 4. 命をかけて愛する家族を守ろうとする主人公の素晴らしい成長が描かれています。 | It **portrays** the amazing growth of the main character who is determined to protect his beloved family at the cost of his life. |

☞ siblings「兄弟姉妹」、be determined to V「絶対に～しようと思っている」、at the cost of one's life「～の命をかけて」は重要表現。

| 5. 善悪を超え、悪魔を含むすべての生き物を慈しみます。 | The story goes beyond good and evil, showing compassion for all living things including demons. |

☞ go beyond ～「～を超える」、show compassion for ～「～への慈しみの心を示す」はぜひ使えるようにしておこう！

6. この物語は、もとは家族を持つ人間であった悪魔を呪わしい存在として描いていません。	The story doesn't portray the demons as abominable beings who used to be humans having their own families.

☞ describe A as B「A を B と描く」の倒置 describe as B A となっているので注意！ abominable とは「非常に不快で嫌悪感をもよおす」。

7. この深みのある物語のペーソスによって、他の作品とは一線を画しています。	The pathos of this story with depth sets it apart from other works.

☞ pathos とは「哀れみや悲しさを呼び起こす要素（a quality that evokes pity or sadness）」のこと。A sets B apart from other works で「A のおかげで、B は他の作品とは一線を画している」。

③

「好きな食べ物・色・動物・数字」スピーキング力UPトレーニング
My Favorite Food, Colors, Animals, and Numbers

　好きな食べ物や好きな動物（my favorite food and animals）について
のやりとりは、日常会話で非常に頻繁に行われます。また、**好きな色や好きな**
数字（my favorite colors and numbers）に関しては、ワンランクUPの
英会話で相手の**性格を分析（character analysis）**したり、レスポンスを見て、
それを探ったりするのに用いられます。前者だけでなく後者も英語とその知識
の両方を身につけ、総合的な英会話力の幅を広げていきましょう。

▶ TRACK 134

Q. What is your favorite food?
　好きな食べ物は何ですか。

Q. Do you think people's favorite foods reveal a lot about
　　their personalities?
　好きな食べ物には、その人の個性が表れると思いますか。

テンプレート⑩　傾向を述べる（1）

People who love X（好きなもの）**[X-lovers] tend to Y**（動
詞）．（X好きの人はYする傾向があります）

People who love X（好きなもの）**[X-lovers] like to Y**（動
詞）．（X好きの人はYするのが好きです）

People who love X（好きなもの）**[X-lovers] are willing**
to Y（動詞）．（X好きの人は進んでYする傾向があります）

好きなものからその人の性格や行動の「傾向」を述べるテンプレートです。たとえば、食べ物でなくても、「ウィーン好きの人は、クラシック音楽愛好家である傾向があります」なら、People who love Vienna tend to be classical music lovers. のように表現できます。また people who love X の X は X-lovers で言い換えることができます。例えば、チョコレート好きなら chocolate-lovers となります。

ではこのテンプレートを使って、質問に答えるトレーニングをいたしましょう！

テンプレートを使って言ってみよう！

1. 私は甘い物に目がありません。甘いものが好きな人は、とても親しみやすい人が多いようです。	I have a craving for sweets. I think **people who love** sweet foods **tend to** be very friendly.

☞ My favorite food is X「私のお気に入りの食べ物は X である」のバリエーションとして、I have a craving[weakness] for X「X に目がない、X が欲しくてたまらない」も重要！ friendly は agreeable「感じがいい、人づきあいがよい」と言い換え可能。

テンプレートを使って言ってみよう！

2. チョコレートが好きな人は、よりいっそうボランティア活動に励み、困っている人を助けるのが好きです。	Chocolate-**lovers like to** volunteer more and help others in need.

☞ others[people] in need は「困っている人」。

テンプレートを使って言ってみよう！

3. 辛いものが好きな人は、リスクや強い刺激を好む傾向があります。	**People who like** spicey foods **tend to** enjoy risk-taking and intense stimulation.

☞ enjoy risk-taking は「冒険好きである」、intense stimulation は「強い刺激」。

| 4. ポテトチップスが好きな人は、野心的で、競争心が強いやり手である傾向があります。 | **People who love** potato chips **tend to** be ambitious, very competitive go-getters. |

☞ go-getters とは「（意志力が強く、エネルギー溢れた）やり手、敏腕家」。

| 5. チーズが好きな人は、ふるまい正しく、良心的で、いつもきちんとしている傾向があります。 | **People who love** cheese **tend to** be formal, conscientious, and always proper. |

☞ conscientious とは「自分の仕事を注意深く正確に行う」。

| 6. 肉が好きな人は、社交的で、かつ度を過ぎて寛大な傾向があるようです。 | **People who love** meat **tend to** be gregarious and generous to a fault. |

☞ gregarious は「社交的で人といるのが好きな」（≒ sociable）、to a fault は「過度に、度を過ぎて」というイディオム。

| 7. 果物や野菜が好きな人は、新しい経験への挑戦をいといません。 | **People who love** fruits and vegetables **are willing to** try new experiences. |

☞「傾向」を述べるテンプレート People who love X（好きなもの）[X-lovers] are willing to Y（動詞）「X 好きの人は進んで Y する傾向がある」を使う！

注：述べられている「傾向」はひとつの考え方であり、すべての人に当てはまるとは限りません。

Q. What is your favorite color?

好きな色は何ですか。

Q. Is there any connection between your favorite colors and personality?

好きな色と性格との間に何か関係はありますか。

Q. What can you learn about a person from the colors they like?

好きな色から、その人について何がわかりますか。

Q. Do any colors have a special meaning in your culture?

あなたの文化にとって特別な意味を持つ色はありますか。

テンプレート⑪　傾向を述べる（2）

People whose favorite X is Y tend to Z.

（好きな X が Y の人は Z する傾向がある）

People whose favorite X is Y are said to Z.

（好きな X が Y の人は Z だと言われている）

They are likely to ～.

（彼らは～しそうだ）

　「傾向」を述べるテンプレートのバリエーションです。「好きな色が赤色の人は～の傾向がある［と言われている／しそうである］」なら、People whose favorite color is red tend to［are said to / are likely to］～、「好きな動物が犬の人は～の傾向がある」なら、People whose favorite animal is dogs tend to［are said to / are likely to］～となります。ではまず、このテンプレートを使って、色に関する質問に答えてみましょう！

1. 私のお気に入りの色は赤です。赤は興奮、情熱、危険、エネルギー、行動などを連想させる大胆な色だと思います。	**My favorite color is** red. I think red is a bold color associated with excitement, passion, danger, energy, and action.

☞ associated with ～ は「～を連想させる」。

2. 赤は強い感情を呼び起こし、購買意欲をそそる強烈な色です。	Red is an intense color that can evoke strong emotions and stimulate consumption.

☞ evoke strong emotions「強い感情を呼び起こす」は重要表現！

テンプレートを使って言ってみよう！

3. 赤色が好きな人は、大胆で衝動的、スリルを求める人、冒険好きな人が多いようです。	**People whose favorite** color **is** red **tend to** be bold, impulsive, thrill-seekers, and adventure-lovers.

☞ impulsive は「衝動的な」、adventure-lovers は「冒険好きの人」。

テンプレートを使って言ってみよう！

4. 青色が好きな人は、安定していて、調和がとれ、平和で、頼りになり、信頼でき、思いやりのある人になる傾向があります。	**People whose favorite** color **is** blue **tend to** be stable, harmonious, peaceful, dependable, trustworthy, and compassionate.

☞ harmonious「調和を大切にする」、dependable「頼りになる」、trustworthy「信頼できる」、compassionate「思いやりがある」などの表現を使えるようにしておこう！

5. その人たちは、タスク処理に関して、また障害が発生したときに適応するための最良の方法を考えることを好みます。	They like to strategize the best way to handle a task and adapt when obstacles arise.

☞ strategize「戦略を練る」、handle a task「タスクを処理する」など重要表現！

Q. What is your favorite animal?

好きな動物は何ですか。

Q. Do your favorite animals reveal a lot about your personalities?

好きな動物から性格について見えてくるものはありますか。

■ 犬の場合

テンプレートを使って言ってみよう！

1. お気に入りの動物は犬です。犬好きな人は、友人や家族にとっても忠実で、彼らをとても大切にすると言われています。	My favorite animal is dogs. **People who love dogs are said to** be very loyal to and very protective of their friends and family.

☞ be said to be X「X であると言われている」は、性格分析によく使う重要表現！ be loyal to ～ は「～に忠実である」、be protective of ～ は「～を大切にする」など使えるようにしておこう！

2. 無私無欲の心で他人を気遣い、リスクを冒してでも他人を助けようとします。	They are very considerate of others and aren't afraid to take risks to help them.

☞「無私無欲の心で他人を気遣う」は selflessly care for others ともいえる。take risks は「リスクを冒す」。

3. また、とても前向きで明るく、すぐに友達を作ることができる人です。	They are also very positive, cheerful people who make friends easily.

■ 猫の場合

猫好きな人は、好奇心旺盛で、自分の夢を実現しようとする、真のリーダーです。	**People whose favorite** animal **is** cats **are** full of curiosity, determined to realize their dreams, and true leaders.

☞ be full of curiosity は「好奇心旺盛である」、be determined to ～ は「～することを固く決心［決意］している」、realize one's dreams は「夢を実現する」。

■ ゾウの場合

1. ゾウが好きな人は、心身ともに強靭です。	**People who love** elephants **have** a strong mind, body, and spirit.

テンプレートを使って言ってみよう！

2. 周りの人の信頼をすぐに集めることができます。	You **tend to** gain people's trust very quickly.

☞「傾向を述べる」テンプレート tend to ～「～する傾向にある」を使ってみよう！
gain people's trust は「人の信頼を得る」。

3. 生まれながらのリーダー的存在であると同時に、他人の意見や価値観を受け入れることができるのです。	You are a natural leader but are open to others' opinions and values.

☞ a natural leader「生まれながらのリーダー」は a born leader ともいう！ be open to others' opinions and values は「他人の意見や価値観を受け入れる」で、「価値観」は values と必ず複数にする。

■ サルの場合

サルが好きな人は、陽気で柔軟性があり、独立心が旺盛な人です。	**People who love** monkeys **are** cheerful, flexible, and independent-minded.

☞ independent-minded は「独立心旺盛な」。

■ 鳥の場合

1. 鳥を愛する人は、思いやりにあふれ、優しく、自らの時間や資産を犠牲にしてでも他人に尽くすことができます。	**People who love** birds **are** caring and gentle with others, and sacrifice their time and money for others.

☞ caring「思いやりにあふれた」、sacrifice one's time and money「自分の時間やお金を犠牲にする」。

2. また、野心的でもあり、目標を達成するためには進んでリスクを冒します。	They are also ambitious and willing to take a risk to achieve their goals.

☞ be willing to ～ は「進んで～する」、take a risk は「リスクを冒す」、achieve one's goals は「目標を達成する」。

では本章最後の質問です。今まで紹介したテンプレートを使いこなせるか、試してみてください。

▶ TRACK 137

Q. What is your favorite number?

あなたの好きな数字は何ですか。

Q. Do your favorite numbers reveal a lot about your personalities?

好きな数字から性格について見えてくるものはありますか。

テンプレートを使って言ってみよう！

1. 私の好きな数字は「1」です。「1」が好きな人は、天性のリーダーで、自信があり、自立していると言われています。	My favorite number is "one." **People who love** one **are said to** be natural leaders, confident and independent.

☞ a natural[born] leader は「天性のリーダー」。

2. 自尊心が強く、自己流に物事を進めるのが好きな人たちです。	They have a strong sense of self-respect and like to try to do things their own way.

☞ have a strong sense of self-respect は「自尊心が強い」、do things one's own way は「自己流に物事を進める」。

テンプレートを使って言ってみよう！

3.「2」が好きな人は、人間関係がうまくいく傾向があります。	**People who love** two **tend to** thrive in relationships.

☞ thrive in relationships は「人間関係で成功する」。

4. 彼らは外交的で、優しく、常に他人を優先する人たちです。	They are diplomatic, gentle, and always put others first.

☞ diplomatic とは「人を動揺させることなく丁寧に対応する」という意味。put others first「他人を優先して考える」は重要表現。バリエーションとして、put family first は「家族を優先する」、put the customers first は「顧客を第一に考える」、put the environment first は「環境を第一に考える」となる。put ～ first「～を第一に考える」を使いこなそう！

テンプレートを使って言ってみよう！

5. 好きな数字が「3」の人は、クリエイティブで表現力が豊かで、いつもエネルギーに満ちあふれている傾向があります。	**People whose favorite** number **is** three **tend to** be creative, expressive, and always full of energy.

☞ expressive や eloquent「表現力が豊かな」を使う。

6. 彼らは完璧主義者で、物事が正しい状態にあることを望んでいます。	They are perfectionists who want things to be just right.

☞ a perfectionist は「完璧主義者、凝り性」。

テンプレートを使って言ってみよう！

7. 好きな数字が「4」の人は、実直で実用的、そして信頼できる人が多いようです。	**People whose favorite** number **is** four **tend to** be down-to-earth, practical, and reliable.

☞「傾向を述べる」テンプレート(2)　People whose favorite X is Y tend to Z「好きなXがYの人はZする傾向がある」を使う！　down-to-earth はいい意味での「現実的で率直な」、その他 practical は「現実的でうまくいく方法で問題をこなしたり、意思決定ができる」こと。

8. 一定の手順や秩序を好み、安定と安心を重視する傾向があります。	They **like** routine and order in their life and **tend to** value stability and security.

☞ routine は「決まった日課、決まったやり方」、tend to value ～ は「～に価値を置く傾向にある」。

テンプレートを使って言ってみよう！

9. 好きな数字が「5」の人は、自由人であり、新しいことを経験するのが好きな人です。	**People whose favorite** number **is** five **are** free spirits and like to experience new things.

☞ a free spirit は「自由人」。

テンプレートを使って言ってみよう！

10. 彼らは順応性が高く、流行に乗りやすいでしょう。	**They are likely to** be very adaptable and climb on the bandwagon.

☞ climb [jump / get] on the bandwagon は「みんながやっている成功しているものを真似する」の意味の重要表現！その他、go [swim] with the tide ともいえる。

テンプレートを使って言ってみよう！

11. 好きな数字が「6」の人は、愛情深く、人を育て、常に家族を第一に考える人です。	**People whose favorite** number **is** six **are** loving, nurturing, and always put family first.

☞ loving は「愛情深い」、nurturing は「人を育てる」、put family first は「家族を第一に考える」。

テンプレートを使って言ってみよう！

12. 家にこもって、大切な人と一緒に過ごすことを楽しむようです。	**They are likely to** enjoy staying in and spending time with those they love.

☞ stay in は「外出せずに家にいる」という意味の必須句動詞。

13. 好きな数字が「7」の人は、深く考える人であり、1人で内省の時間を過ごすことが多いです。	**People whose favorite** number **is** seven **are** deep thinkers and **tend to** spend time alone in reflection.

☞ a deep thinker は「物事を深く考える人」、in reflection は「内省のときに」。

14. 彼らは年齢以上に賢く、しばしば他人に賢明な助言を与えます。	**They are** wiser than their age and often offer sensible advice to others.

☞ be wiser than one's age は「年齢以上に賢い」。

15. 好きな数字が「8」の人は、野心的で自信があり、常に成功のために努力している人です。	**People whose favorite** number **is** eight **are** ambitious, confident, and always striving for success.

☞ strive for success は「成功のために努力する」。

16. 彼らはとても寛大で、他の人が目標を達成するのを常に助けようとします。	**They are** very generous and always willing to help others achieve their goals.
17. 好きな数字が「9」の人は、人道主義者で、世界をより良い場所にすることに深い関心を寄せています。	**People whose favorite** number **is** nine **are** humanitarians and care deeply about making the world a better place.
18. 彼らは直感力に優れ、スピリチュアルな世界と強い結びつきがあります。	**They are** very intuitive and closely connected to the spiritual realm.

☞ humanitarian は「人道主義者」、intuitive は「直観力に優れた」、the spiritual realm は「スピリチュアルな領域」。

いかがでしたか。以上で、「好きなもの」について何でも英語で述べるトレーニングは終了です。本章で紹介したテンプレートと表現を中心に、何度も口に出して練習し、すらすらと言えるようになりましょう！

Chapter 8

「日本紹介」
スピーキング力 UP トレーニング

外国人と話す際には「日本のこと」について尋ねられる機会が多いです。特に**日本の国民性（Japanese national character and mentality）、日本の気候と伝統文化（Japanese climate and cultural traditions）、日本の食事（Japanese food）、日本のエンタメ・スポーツ（Japanese entertainment and sports）**などはよく話題になります。例えば「日本のどこが好きか」「なぜ日本人は自己主張しないか」「日本の電車はなぜ正確なのか」「なぜ日本人は本心と違うことを言うのか」といった国民性に関する質問、「日本の伝統的なイベントは？」「日本の重要な祭りは何ですか」「日本の重要な休日は何ですか」など伝統文化関連の質問、「日本の人気の食べ物は？」「日本のテーブルマナーで重要なものは？」「正月にどんな料理を食べるのですか」など食事関連の質問、「メイド喫茶が人気があるのはなぜですか」「漫画喫茶について教えてください」「人気のスポーツは？」などエンタメ・スポーツ関連の質問があります。

では以下のような質問にうまく答えられるようにトレーニングしていきましょう。

❶ **What do you like about your country?**
（自分の国のどこが好きですか）
❷ **What is a traditional event in your country?**
（あなたの国の伝統的なイベントは何ですか）
❸ **What are popular Japanese foods?**
（人気の日本食は何ですか）
❹ **What sport is popular in your country?**
（あなたの国で人気のあるスポーツは何ですか）

1

「日本人の国民性・慣習」スピーキング力UPトレーニング
Japanese Character and Customs

　日本を訪れる観光客ばかりでなく、海外に行っても、日本のことについて聞かれる機会は多いです。外国の人の目には不思議に思う「**日本人の国民性や慣習（Japanese character and customs）**」についての質問に流暢に英語で説明できるようになっておきましょう。

テンプレート① 「一番の売り」を述べる

I think the best thing about Japan is X.

（日本で一番の売りは X だと思います）

What I like most about Japan is X.

（日本で一番好きな点は X です）

　日本の一番の売りを述べたいときに大活躍するテンプレートです。X の部分には「日本食、寺社仏閣、アニメ、浮世絵」などいろいろ入れ替えて言ってみましょう。この例では、I think the best thing about Japan〔what I like most about Japan〕is Japanese food〔Japanese shrines and temples / anime / *ukiyoe*〕. となります。では以下の質問に答えていただきましょう！

Q. What do you like about your country?

あなたの国のどこが好きですか。

■ 時間厳守と安全さの場合

テンプレートを使って言ってみよう！

1. 日本で一番いいのは、時間厳守と安全さだと思います。	**I think the best thing about Japan is** its punctuality and safety.

☞ punctuality「時間厳守」、safety「安全性」。他に、「おもてなし」なら What I like most about Japan is *omotenashi*, a welcoming attitude shown towards customers and guests.「日本で最も好きな点は、お客様やゲストをもてなす態度、すなわち「おもてなし」だ」となる。

2. 日本の公共交通機関は時間に非常に正確なことで高い評価を得ています。	Japanese public transportation systems have a good reputation for their punctuality and regular services.

☞ have a good reputation for ～ は「～で高評価を得ている」。

3. 特に、全国の大規模な鉄道網である新幹線は、その速さと時間の正確さでとても有名です。	Especially the Shinkansen, extensive railway networks across the country, are very famous for their speed and punctuality.

☞「～で有名である」は be famous for its ～ となる。famous を、「世界的に有名」なら world-famous、「よく知られている」なら well-known と変える。どれも会話で最重要表現！

テンプレート②　理由を述べる前の表現

I think there are mainly two reasons for X.

（X の理由は主に 2 つあると思います）

いきなり理由を述べるのではなく、最初に「2 つ主な理由があります」と述べてから話し出すと、論理的でわかりやすくなります。こう断ってから、The first reason is that ... や One reason is that ...、そして The second reason

244

is that .... や Another reason is that...などと話していくのは、社会問題に限らず、身の回りの話題についての会話でもよくあります。ではトレーニングしていきましょう。

■ チップが不要である点の場合

テンプレートを使って言ってみよう！

1. 日本で最も好きな点はチップを払う必要が全くないことです。	**What I like most about Japan is** you don't have to tip at all.
2. チップ不要の習慣の理由は主に2つあります。	**I think there are mainly two reasons for** the custom of no tipping.

☞ 他のトピックの会話でも、I think there are mainly two reasons「理由は主に2つあると思う」で始めると、わかりやすい！

3. まず、チップはサービス料として料金に含まれているのです。	**One reason is that** tips are included in the charges for the services.

☞ One reason is that SV で1つ目の理由を述べる。be included in the charges「料金に含まれている」は重要表現。

4. ゆえに、レストランやホテルの従業員はチップを受け取らなくても良いサービスを提供するのが当然だという意識があります。	Workers at restaurants and hotels take it for granted that they offer good service to their customers, regardless of tipping.

☞ take it for granted that ～「～を当然だと思う」、regardless of ～「～に関係なく」は重要！「年齢や男女に関係なく」なら regardless of age and sex となる。

5. 次に、チップは職場で不要な競争をあおり、従業員たちの関係を乱すものと考えられています。	**Secondly**, tipping is believed to undermine worker relationships by stimulating undesirable competition in a workplace.

☞ be believed to ～「～すると考えられている」、undermine worker relationships は「職場の人間関係に悪い影響を与える」、stimulate competition は「競争をあおる」で、どれも重要表現！

245

That's why SV.
（そういう理由で～なのです）

　理由を2つ3つ述べて、ちょっと長めに話したときには最後にこの表現を使ってまとめるとよいでしょう。

　「そういう理由で日本人は自宅に人を招きたがらないのです」なら、That's why Japanese people are reluctant to invite others to their house. となります。

▶ TRACK 139

Q. Why are Japanese people not assertive?
なぜ日本人はあまり自己主張しないのですか。

1. 日本人は控えめであること、および集団の調和が重要であると考えています。	Japanese people think that modesty and group harmony are important.

☞ 日本の国民性を語るキーワード、modesty「控えめ」と group harmony「集団の和」は最重要！ その他のキーワードとして、集団生活の中で美徳とされる obedience and conformity（従順さと協調性）が挙げられる。Japanese are group-oriented people.「日本人は集団志向だ」なども重要！

2. そのため、多くの人は主張が強い人に否定的です。	Therefore, most people take a negative view of assertive people.

☞ 「主張の強い」は assertive で OK、The nail that sticks out gets hammered down.「出る杭は打たれる」ということわざを用いて批判することもある。「～に否定的である」は think negatively of ～ ともいう。

3. 多くの人は、いつも自信にみちた振る舞いや話し方をする人を、自己中心的な目立ちたがり屋であるとして批判します。	Most people criticize people who always behave or speak confidently as self-centered show-offs.

☞ show off ~「~をひけらかす」は、a show-off と名詞の形にすると「目立ちたがり屋」となり、an attention seeker と同じような意味になる。show off は Really talented people don't show off. 「能ある鷹は爪を隠す」のようにも使う。

テンプレートを使って言ってみよう！

4. だから、多くの日本人は控えめに、そして静かに振る舞おうとするのです。	**That's why** many Japanese try to behave modestly and quietly.

☞ That's why SV は「そういうわけで~なのです」と理由を述べた後のまとめのテンプレートとして使う！

▶ TRACK 140

Q. Why don't most Japanese generally invite others to their homes?

なぜたいていの日本人は一般的に他人を家に招待しないのですか。

1. 日本人は中の人と外の人を区別する傾向にあります。	Japanese people tend to draw a line between insiders and outsiders.

☞ 「A と B を区別する」は draw a line between A and B といい、draw a line between public and private「公私のけじめをつける」のように使う。「区別する」は、他に distinguish between A and B (A from B) でも表現でき、distinguish between right and wrong「善悪を区別する」、distinguish between colors「色を区別する」など使えるようにしておこう！ have an in-group and out-group mentality「内と外を区別する」も重要表現！

2. 家に他人を招くときに、家を片づけ、食事の準備をするのが厄介だと思うのです。	They find it troublesome to tidy up their house and prepare meals when they invite others to their home.

☞ find it X to 〜「〜するのは X と思う」は便利な表現で、find it troublesome [difficult] to 〜「〜することが厄介だ［難しい］と思う」。「ゲストに出す食事の準備に苦労する」は have trouble preparing meals for the guests ともいえる。「〜をきれいにする」は、tidy up one's house [room]「家［部屋］を片づける」や make the rooms clean and tidy のように言うことができる。tidy up は「（主に散らかっているものを）片付ける」意味で、clean up は「（主に磨いて）きれいにする」、spruce up a room は「（内容を変えるなどして）部屋をきれいにする」と、使い分けよう！

3. ゲストを家に招く際に、格好をつけようとするのです。	They try to keep up appearances when they invite guests to their home.

☞ keep up appearances は「（現状を隠して）いい恰好をする」。

4. もう1つの理由としては、一般的に日本の家は狭く、客を招待できる十分なスペースがありません。	Another reason is that generally small Japanese houses don't have enough space to invite guests.

☞「客を招待できる十分なスペースがない」を表すには、accommodate「場所を提供する」を使い、don't have enough space to accommodate guests とも表現できる。

テンプレートを使って言ってみよう！

5. だから、客を家に招待することは日本人にとって大きな負担となっています。	**That's why** inviting guests to their homes is a big burden on Japanese.

☞ 締めの表現 That's why SV のテンプレートを使う！「〜への大きな負担」は burden を使って a big burden on 〜 といい、「〜にとって経済的［心理的］な負担となる」なら be a financial [mental] burden on 〜 となる。

テンプレート④　理由を述べる

I think this is because of 〜.

I think it's because SV.

（〜という理由からだと思います）

理由を名詞フレーズでまとめて提示する場合に使います。その後、具体的にその理由を説明する文がきます。例えば、「どうして日本では生徒の創造性が育たないと思いますか」という質問に対して、I think this is because of exam-centric education.（試験中心の教育のせいだと思います）のようにまずは答え、その後、詳しく説明をしていくと、論理的な話し方となります。

次も重要なテンプレートです。

テンプレート⑤　影響を述べる

Under the influence of X, SV.

（X の影響で～です）

「影響」を述べる重要なテンプレートです。例えば、「儒教の教えの影響で、日本人は自分より年長の人に対して敬意を払っていた」なら、Under the influence of Confucian teachings, Japanese people used to pay respect to those older than they are. となります。また、「しかし西洋のリベラリズムの影響で、今日ではもはや当てはまらない」は But under the influence of Western liberalism, it is no longer the case. のように言うことができます。

では、これらのテンプレートを用いて以下の質問に答えるトレーニングをいたしましょう！

▶ TRACK 141

Q. Why do Japanese people observe traffic lights?

なぜ日本人は信号を守るのですか。

1. これは、儒教の影響を受けた日本人が根底に持つ協調性に起因するものです。	**I think this is because of** deep-rooted conformity among Japanese people, which traces back to Confucianism.

☞ 理由を述べるには、I think this is because of ～ を使う。deep-rooted「根強い」や conformity「服従、従順、協調性」も重要！「～に起因する、さかのぼる」は trace back to ～ の他、stem [come] from ～ ともいえる。

2. 儒教の強い影響で、日本人は子供のころから規則を守るように教え込まれるのです。	**Under the strong influence of** Confucianism, Japanese people are culturally conditioned to observe rules.

☞「～の影響下で」は under the influence of ～。「規則を守るように訓練されている」be conditioned to observe rules は重要表現！「儒教」は Confucianism。

3. 集団志向の社会で秩序を維持するためには、社会のルールを守ることが日本人に重要なのです。	It is important for Japanese to follow social rules to maintain order in the group-oriented society.

☞「ルール・規則を守る」は follow the rules の他、conform to the rules、observe the rules と言い換えられる。maintain order「秩序を保つ」や group-oriented society「集団志向の社会」も重要表現なので、使えるようにしておこう！

4. このような志向が、他人の目を気にするような恥の文化を生み出しています。	This orientation has generated a shame-ridden culture, which makes them concerned about what others think about them.

☞ 日本文化のキーワード「恥の文化」a shame-ridden culture を覚えておこう！「～を気にする、心配する」は be concerned about ～。

5. みんなが信号を守っている中、自分だけ守らないのは恥ずかしいと感じるのです。	It is shameful to ignore traffic lights when everybody observes them.

☞「～するのは恥ずかしい」は it is shameful to ～、「信号を無視する」は ignore a traffic light。

Q. Why are Japanese train services so punctual?

なぜ日本の電車はこんなに正確なのですか。

1. 日本で列車が定時運行されている理由は主に2つあると思います。	I think there are mainly two reasons for punctual train services in Japan.

☞ I think there are mainly two reasons for X「X の理由は主に2つあると思います」は「理由」を述べる前の重要なテンプレート！

2. 第1に、日本の鉄道は世界でも最先端の交通システムです。	First, Japan's train service is one of the most advanced transportation systems in the world.

☞「最先端の〜」は the most advanced 〜 だが、state-of-the-art を使って、Japan boasts the state-of-the-art railroad engineering technology「日本は最先端の鉄道工学技術を誇っている」のようにも言える。It contributes greatly to punctual train operation.「これにより列車の定時運行につながっている」と続けて述べてもよい。

3. 第2に、鉄道会社は列車の定時運行に最大限の努力を払っています。	Second, railroad companies make the utmost efforts to keep their train services as punctual as possible.

☞ make the utmost efforts to 〜「〜に最大限の努力を払う」は重要表現！

4. なぜなら、列車の運行の遅れが、企業の生産性に深刻な影響を与えると認識しているからです。	It's because they think that delays in train service seriously affect the productivity of companies.

☞ 動詞 affect「影響を与える」は seriously affect「深刻な影響を与える」のように、前に副詞 seriously、negatively などを置いて、どんな影響かを述べることが多い。

5. この遅れにより、通勤者は時間通りに出勤することができなくなり、事業運営が著しく損なわれます。	The delay prevents commuters from getting to work on time, which will seriously undermine business operations.

☞ S ＋ prevent ＋ 人 ＋ from 〜ing「S のせいで（人）が〜できない」は S ＋ keep ＋ 人 ＋ from 〜ing と言い換えることもできる。seriously undermine 〜「〜を著しく損なう」。

▶ TRACK 143

> **Q. Why do most Japanese make their cars sparkling clean?**
> なぜほとんどの日本人はマイカーをピカピカにするのですか。

1. 日本人は「清浄で清潔」を重要視する神道を信じています。	Japanese people believe in Shintoism that emphasizes "pure and clean."

☞ Shintoism「神道」の根幹となる思想である「清浄（purification）」と「清潔（cleanliness）」を説明しよう。believe in 〜 で「〜を正しいと信じている」という意味になるので、in をお忘れなく！

2. 彼らは万物に神が宿ると信じており、すべてのものをきれいにしておこうとします。	They believe that gods live in all things, so they try to keep everything clean.

☞「万物に神が宿る」は Spiritual power is in every natural and artificial object.「自然界や人工的な事物すべてに霊的なものが宿る」と言い換えてもよい。

3. また日本人は車を、単なる交通手段以上のものであると考えています。	They also consider the cars to be more than just a means of transportation.

☞ consider A to be B「A を B であるとみなす」は、改まった表現では regard A to be B と言い換えることもできる。

Q. Why do Japanese people say something different from what they really mean?

なぜ日本人は本心とは違うことを言うのですか。

1. それは、自分の本心を隠すことで他者との調和を保とうとするからです。	**I think it's because** they try to maintain harmony with others by hiding their actual intentions.

☞「他者との調和を保つ」は maintain harmony with others、「本心を隠す」は hide one's actual intentions。

2. 本心ではなくても、「また来てください」と日本人は言ったりします。	Japanese people often say, "Come see me again" even when they actually don't mean it.
3. 対人関係の衝突を避けるため、多くの日本人は本音を家族や親しい友人にしか話しません。	Most Japanese share true feelings only with their family and close friends to avoid interpersonal conflicts.

☞「本音を話す」は share true feelings で表現する。「本音」は one's true feelings or actual intentions that are usually kept hidden（通常は隠している本当の気持ちや意図）、「建て前」は diplomatic remarks to be expressed in public（公の場で表現される外交辞令的な［そつのない］発言）と説明できる！「対人関係の衝突」は interpersonal conflicts。

Q. Why don't most Japanese parents make their children regularly help with the housework?

なぜ日本の親は子供にあまり家事を手伝わせないのですか。

1. 第一に、多くの日本の親は家事の手伝いよりも子供たちの学力や運動能力の向上を重視しています。	**Firstly**, most Japanese parents value children's academic and athletic development over their help with their housework.

☞「B より A を重視する」は value A over B で表現する！「学力と運動能力の向上」は academic and athletic development。

2. 親たちは、放課後に子供が学校の勉強、あるいは芸術やスポーツの習い事に集中することを奨励するのです。	Parents encourage them to concentrate on schoolwork as well as art[sports] lessons after school.

☞「放課後の習い事」は after-school lessons という。A as well as B は「B と同様に A も」。「人に〜するよう勧める」は encourage ＋人＋ to 〜。

3. 次に、日本の母親は欧米の母親と違い、家事の手伝いを彼らの責任の一環とみなしていないのです。	**Secondly**, Japanese mothers do not consider children's involvement with housework as a part of their responsibility unlike mothers in Western countries.

☞「A を B とみなす」は consider A as B、「〜とは違って」は unlike 〜。欧米では、家事を手伝うことは a sign of their maturity（大人の証）とされる。

4. 日本は欧米に比べ、親子関係が対等ではありません。	Parent-child relationships are based less on equality in Japan than in Western countries.

☞「対等ではない」は be based less on equality となる。

5. そのため、役割意識の高い日本の母親は、子供の手を借りずに家事をすべて背負い込む傾向があります。	Therefore, role-conscious Japanese mothers tend to shoulder all the burden of housework without the help of their children.

☞「〜の負担をすべて負う」は動詞 shoulder を使って shoulder all the burden of 〜という。「役割意識の高い母親たち」は role-conscious mothers となる。断定を避けるには、tend to 〜「〜する傾向がある」とするとよい！

いかがでしたか。次は、日本の気候と伝統文化のトピックについて何でも話せるようにトレーニングをいたしましょう！

「日本紹介」スピーキング力UPトレーニング

❷ 「日本の気候と伝統文化」スピーキング力UPトレーニング
Japanese Climate and Cultural Traditions

　日本には**四季**（**four distinct seasons**）があり、それに伴い四季折々の**年中行事や祭り**（**annual events and festivals**）などのイベントはバラエティに富んでいます。また、アニメの影響で**サムライや日本の神社仏閣への関心が高まっている**（**growing interest toward samurai and Japanese shrines and temples**）ので、**武道の精神**（**the** *budo* **spirit**）やそのルーツである**日本の宗教**（**Japanese religion**）について英語で説明できるようになっておきましょう！

テンプレート⑥　特徴を述べる

> ### X is characterized［marked］by Y.
> （X の特徴は Y です）

　特徴を述べるときに使う非常に重要なテンプレートです。Y には「特徴」を基本的にフレーズで入れます。例えば、「日本の地形の特徴は、無数の森林と山々です」なら、Japanese topography is characterized by numerous forests and mountains. となります。また、「日本の川には比較的短く、流れが急という特徴があります」なら、Japanese rivers are characterized by relatively short and swift flows. のようになります。

テンプレート⑦　位置づけ・ランクを述べる

> ### X ranks among［as one of the］Y (for its Z).
> （X は（Z のおかげで）Y [の 1 つ] として位置づけられています）

　Y にはランクされるカテゴリー名を複数形や形容詞の最上級で入れます。

理由を for its Z として加えることもあります。例えば、「日本は世界で最も安全な国の１つとして位置づけられています」なら Japan ranks among the safest countries in the world. や Japan ranks as one of the safest countries in the world. となります。「日本は生活水準が世界トップクラスである」は Standards of living in Japan rank among the highest in the world. または、Standards of living in Japan rank as one of the highest in the world. となります。

テンプレート⑧ 「〜を表す・示す・象徴する」

X represents[shows / symbolizes] Y.

（X は Y を表します［象徴します］）

X is the symbol of[symbolic of] Y.

（X は Y の象徴です）

この２つも重要なテンプレートです。

例えば、「日本では菊は皇室の象徴です」なら、Chrysanthemum represents [symbolizes] the Imperial family in Japan. または Chrysanthemum is the symbol of [symbolic of] the Imperial family in Japan. となります。あるいは、「天守閣は大名の権力を表します」なら *Tenshukaku*, or a castle tower, represents the power of a lord. または *Tenshukaku*, or a castle tower, is the symbol of [symbolic of] the power of a lord. となります。また、このテンプレートのグループに **be reflected in 〜**「〜に現れている」があります。例えば、「わびさびは日本伝統文化の美的概念で、茶道や俳句に反映されている」なら *Wabi* and *sabi* are the aesthetic concepts of traditional Japanese culture reflected in the tea ceremony and *haiku* poetry. となります。

ではこれらのテンプレートをうまく使って、以下の質問に答えてみてください。

Q. What's the climate like in your country?

あなたの国の典型的な気候はどのようなものですか。

■ 概論

1. 日本には4つのはっきり異なる季節があり、それぞれに異なる特徴があります。	Japan has four distinct seasons with different features.

☞ 日本のようにはっきりと四季がある場合は、have four distinct seasons を使う。

2. 夏は非常に蒸し暑く、冬はとても寒いですが、春と秋は温暖です。	It's very hot and humid in summer and very cold in winter, while it's mild and temperate in spring and autumn.

☞ 「蒸し暑い」は hot and humid、「温暖な」は mild and temperate。

■ 春

テンプレートを使って言ってみよう！

1. 春は、さまざまな野外活動に適した温暖な気候が特徴です。	Spring **is characterized by** mild weather suitable for various outdoor activities.

☞ 「特徴」を述べる際は、be characterized by ～のテンプレートを使う。「～に適した気候」は weather suitable for ～。

2. 多くの人が公園や川沿いに集まり、ピクニックをしたり、桜を眺めたりします。	Many people flock to parks and riversides to have a picnic and enjoy cherry-blossom viewing.

☞ flock to ～で「（多くの人がある場所に）押し寄せる」、have a picnic で「ピクニック（戸外で食事）をする」、enjoy cherry-blossom viewing で「花見を楽しむ」。

■ 夏

1. 7月と8月は通常、1年で最も暑く湿度の高い時期であり、観光には快適ではないかもしれません。	July and August are typically the hottest and most humid times of year, which can be uncomfortable for sightseeing.

☞ typically「通常は」の他、generally「概して」も断定を避けるための便利な表現！

2. しかし、夏は日本各地で壮大な夏祭りが開催されるため、日本で最も活気のある時期の1つでもあります。	But summer can be one of the liveliest times to be in Japan because spectacular summer festivals are held in each part of Japan.

☞ ここでの「one of the ＋名詞の複数形」も「最も活気のある時期が他にもあることを示唆する」断定を避ける表現。spectacular は、spectacular summer festivals や spectacular performance のように impressive または dramatic なものを表現するときに使う表現！

■ 秋

1. 日本の秋は、屋外での散歩に最適な温暖な気候です。	Autumn offers temperate weather which is perfect for outdoor walks.
2. 息をのむような紅葉を楽しむことができます！	You can enjoy viewing the breathtaking autumn leaves!

☞ breathtaking は「はっと息をのむような」で、a breathtaking view of Mt. Fuji「息をのむような富士山の眺め」、a breathtaking panorama「息をのむようなパノラマ」などと使える。

■ 冬

1. 日本の冬は、特に太平洋側は乾燥して晴れていて、非常に寒いですが、気温が氷点下に下がることはめったにありません。	Winter in Japan, especially in the regions along the Pacific Ocean, is dry, sunny, and very cold, but temperatures rarely fall below zero.

☞ 「気温が氷点下まで下がる」は temperatures fall below zero[freezing]、「氷点下」は below zero[freezing] という。その他、temperature を使って「室温で」は at room temperature、「急に気温が下がった」は There was a sudden drop in temperature. といい、「気温が急に摂氏30度まで上がった」The temperature soared up to 30 degrees Celsius. などもぜひ言えるようにしておこう！

| 2. 日本は、その質の高い雪のお かげで、世界のトップスキーリ ゾートの1つにランクされてい ます。 | Japan **ranks among** the world's top ski resorts **for its** high-quality snow. |

☞ high-quality snow「質の高い雪」は単に quality snow ともいえる。

▶ TRACK 147

Q. What is a unique spring event in your country?

あなたの国の春のユニークなイベントは何ですか。

| 1. 日本で最も人気があり独特の 春のイベントは花見です。 | The most popular and unique spring event in Japan is *hanami*, or cherry-blossom viewing. |

☞「花見」は cherry-blossom viewing、「月見」は moon viewing。

| 2. これは、毎年春に行われ、す べての年齢層に人気のある国民 的娯楽および社会的慣習となっ ています。 | It is a popular national pastime and a social custom practiced annually in spring by people of all ages. |

☞ pastime とは「余暇に行う楽しい、もしくは興味を持っている活動」をさす。「国 民的レジャー」a national pastime は重要表現！

テンプレートを使って言ってみよう！

| 3. 日本では桜は、人生のはかな さを表します。 | Cherry trees, known as *sakura* in Japan, **represent** the transience of life. |

☞ 日本の桜を説明する際のキーワードとして、桜の象徴する the transience of life「人生のはかなさ」や ephemeral beauty「つかの間の美しさ」などが重要！ 「X は Y を表す」は X represents Y のテンプレートを使う！

4. また、ビジネスや学校、社会的にも新しい生活の始まりを象徴します。	They also **symbolize** the beginning of new life in business, educational and social contexts.

☞「X は Y を象徴する」は X symbolizes Y のテンプレートを使う！

5. 家族や友人が公園の芝生に座って、桜の花の下でピクニックを楽しみます。	Families and friends sit on the grass in parks to enjoy a picnic together under the blossoming trees.

テンプレート⑨ 「祈願する」

(People) pray for X. / (People) wish for X.
(People) offer a prayer for X.
（X を祈願します）

(People) pray that S will[won't] V.
（〜する［しない］よう祈願します）

　「祈願する、祈る」の重要なテンプレートです。X には「祈願する内容」を入れます。例えば、「安全な航海を祈願する」なら offer a prayer for a safe voyage、「子供の健康・幸福を祈願する」なら pray for children's well-being[health / happiness]、「けがをしないように祈る」なら pray that we won't get hurt などとなります。

▶ TRACK 148

Q. What is the most important holiday in your country?
あなたの国で最も重要な休日は何ですか。

1. 私の国で最も重要な休日は、正月です。	The most important holiday in my country is New Year's Day.

2. 普段離れて暮らしている家族や親戚がこの日に集まり、伝統的な料理を楽しみます。	Family members and relatives, who usually live apart, get together and enjoy traditional food on this day.

☞「離れて暮らす」は live apart (from each other)。

3. また、神社で新年の誓いをする日本人は多いです。	Also, many Japanese people make new year's resolutions at Shinto shrines.

☞「新年の誓いをする」make new year's resolutions は重要表現！

テンプレートを使って言ってみよう！

4. 昇進を祈る人もいれば、入試の成功を祈る人もいます。	Some people **wish for** their promotion at work, and others **wish for** success in their entrance exams.

☞「X を祈願する」wish for X は重要なテンプレート！

5. 新しいスタートを切るため、多くの人にとって正月は重要な日なのです。	New Year's Day is important for many people to make a fresh start.

☞「新しいスタートを切る」make a fresh start も重要！

テンプレート⑩　目的を述べる

The purpose of X is to ～.
（X の目的は～することです）

　この「目的を述べる」重要なテンプレートは覚えておくと大変便利です。例えば、「秋祭りの目的は、秋の収穫に感謝をささげることです」なら、The purpose of autumn festival is to offer thanks to the autumn harvest. となります。では、次の質問です。

Q. What is a traditional summer event in your country?
あなたの国の夏の伝統的なイベントは何ですか。

1. 盆踊りは、夏の伝統的なイベントの1つです。	Bon Dance festival is one of our traditional events in summer.

テンプレートを使って言ってみよう！

2. もともと盆踊りは、先祖の霊を供養するためのものでした。	**The purpose of** Bon Dance **was** originally **to** honor the spirits of the ancestors.

☞「先祖の霊を供養する」は honor the spirits of the ancestors となる。

3. しかし、今日ではたいてい夏の娯楽となっており、地域の絆を強めます。	But today it mostly provides entertainment in summer and strengthens the community bonds.

☞「地元の絆を強める」は strengthen the community bonds [ties]。「家族の絆を深める」なら、deepen the family bond [tie] のように使う。

4. 輪の最も内側の踊り手たちは、プロか熟練者です。	Dancers in the innermost circle are the professionals or experienced dancers.

☞「最も内側の〜」は the innermost 〜。「最も外側の〜」なら the outermost 〜となる。

5. 踊ってみたい場合は、踊りの輪の最も外側から参加しましょう。お手本をまねしやすくなります。	When you want to try dancing, join in the outermost circle of people dancing, so you can easily follow their example.

☞「〜の手本をまねる」は follow the example of 〜。「先人の手本に従う」なら follow the examples of forerunners となる。

X is modeled after Y.

（X は Y をモデル［モチーフ］にしています）

　「モデル」を述べる際の重要なテンプレートです。「東京タワーはパリのエッフェル塔がモデルである」は Tokyo Tower is modeled after the Eiffel Tower in Paris. となります。類似表現に be patterned after 〜「〜にならって作られている」がありますが、これらの after は「〜にちなんで」という意味で、be named after 〜「〜にちなんで名づけられる」の after と同じです。

X is held in honor of Y.

（X は Y を記念して開催されます）

　イベント開催の説明によく使うテンプレートです。例えば、「死者を偲んで記念式典が催された」は A memorial ceremony was held in honor of the dead. と言えます。「三社祭は浅草寺を建てた 3 人を記念して開催される」なら、The Sanja Festival is held in honor of the three men who established Sensō-ji. となります。では次の質問にまいりましょう！

▶ TRACK 150

Q. What is an important festival in your home country?
あなたの国の重要な祭りは何ですか。

私の国には重要なお祭りがたくさんありますが、そのうちの 1 つについてお話ししたいと思います。	There are many important festivals in my country. I would like to talk about one of them.

264

☞ たくさんある祭りのうちのどれか 1 つを答える場合、このように第 1 文を始める
とよい。「非常に重要な〜」を少し改まって言うと〜 of great importance で、
これを使うと「非常に重要な祭り」は festivals of great importance となる。

■ さっぽろ雪まつりの場合

1. さっぽろ雪まつりは、日本で最も重要な冬の祭典です。	The Sapporo Snow Festival is the most important winter festival in Japan.
2. 毎年 2 月、日本の北にある北海道の札幌市で開催されます。	This festival is held every February in Sapporo City, Hokkaido, the northern island of Japan.
3. 訪問客は、数々の巨大な雪像や氷像を鑑賞することができます。	Visitors can enjoy viewing a wide variety of huge snow statues and ice sculptures.

☞ a wide variety of 〜「幅広い〜」は重要表現！

テンプレートを使って言ってみよう！

4. 動物や歴史的建造物、アニメのキャラクターなど、さまざまなものをモチーフにした彫刻もあります。	Some sculptures **are modeled after** various objects like animals, historical buildings and cartoon characters.

☞ 「〜をモデルにしている」be modeled after 〜 は重要テンプレート！

5. もう 1 つのアトラクションは、メイン会場である大通公園の夜のイルミネーションです。	Another attraction is the night illuminations in Odori Park, which is the main site of this festival.
6. まばゆいネオンがすべての像に灯り、ロマンチックな雰囲気を醸し出しています。	All the statues are lit by a dazzling array of neon lights, which creates a romantic atmosphere.

☞ a dazzling array of 〜「まばゆいばかりのすらりと並んだ〜」も定番の表現！「ロマンチックな雰囲気を醸し出す」は create a romantic atmosphere。

7. 幅広い色彩がとても印象的で、深く記憶に残ります。	A broad spectrum of colors is so impressive that it's incredibly etched in your memory.

☞ 「幅広い色彩」は a broad spectrum of colors、「〜が深く記憶に残る」は 〜 is incredibly etched in one's memory で、両者ともよく使う！

■ 祇園祭の場合

1. 祇園祭は、日本で最も重要な夏の祭典の1つと位置づけられています。	The Gion Festival **ranks as one of the** most important summer festivals in Japan.

☞ 「XはYの1つと位置づけられています」は「X ranks as one of the Y」のテンプレートを使う！

2. それは八坂神社のために京都で7月に行われます。	It **is held in honor of** Yasaka Shrine in Kyoto in July.

☞ 「XはYを記念して開催される（X is held in honor of Y）」は重要なテンプレート！

3. 祇園祭は京都市の中心部を行く豪華に装飾された鉾のパレードを呼び物にしています。	The Gion Festival features a parade of elaborately decorated floats in the central area of Kyoto City.
4. この祭は度重なる疫病を食い止めるために神道の儀式として9世紀に始まりました。	This festival originated as a Shinto ritual to control a series of epidemics in the 9th century.
5. 祇園祭の最大の魅力は7月17日と24日の山鉾巡行と呼ばれるパレードです。	The highlight of the Gion Festival is the grand procession of floats called "Yamahoko Junko" on July 17th and 24th.
6. 7月に京都を訪れることがあったら、お見逃しなく！	Don't miss it if you come to Kyoto in July!

☞ 最後は、Don't miss it!「お見逃しなく！」や This is a must-see summer festival in Japan.「これは日本の見逃せない夏祭りです」などの1文で締めるとよいでしょう！

Q. What's the difference between Japanese gardens and Western gardens?

日本の庭園と西洋の庭園の違いは何ですか。

テンプレートを使って言ってみよう！

1. 日本庭園の特徴は、曲線による造形と、左右非対称なスタイルです。	Japanese gardens **are characterized by** the technique of using curved lines and an asymmetrical style.

☞ 「X is characterized by Y」のテンプレートで述べる。curved lines「曲線」や an asymmetrical style「左右非対称」は重要表現！

2. これは、日本庭園が凝縮した自然の姿を表現する傾向があるからです。	It is because Japanese gardens tend to create a miniaturized landscape of nature.

☞ 日本庭園がなぜ左右非対称なのかを説明するキーワードとして、a miniaturized landscape of nature「自然の風景を凝縮したもの」を覚えておこう！「〜する傾向がある」は tend to 〜 で OK！

3. 一方、ヨーロッパの庭園は、直線を多用し、幾何学的で左右対称にデザインされています。	In contrast, European gardens are designed geometrically and symmetrically with the use of many straight lines.

☞ コントラストを述べるには、in contrast「対照的に」や on the other hand「これに対して、一方」などを使う。西洋の庭園の特徴を表すキーワードは geometrically「幾何学的」や straight lines「直線」。

テンプレート⑬ 例を示す

A such as B / A like B

A including B / A, especially B

（B のような A、B をはじめとする A）

267

例を示すテンプレートも重要です。Bには具体的な例がくるのですが、特に注意したいのが、例とそれを概念化したカテゴリーのAがぴったり合致する必要があることです。例えば、Sumo wrestlers use techniques such as an over-arm throw and a frontal push-out.（力士は上手投げや押し出しなどの技を使う）の【例】である an over-arm throw（上手投げ）や a frontal push-out（押し出し）は、【概念化】すると techniques（技）となり、ばっちりですが、次の例はどうでしょうか。

「我々はガンや脳卒中といったヘルスケアにもっと注意を払う必要があります」
（✕）We need to pay more attention to healthcare such as cancer and stroke.

上の文は一見、見過ごしてしまいそうですが、cancer や stroke は healthcare のカテゴリーには入らず、disease のカテゴリーです！　よって、正しくは We need to pay more attention to the prevention of serious diseases such as cancer and stroke.（我々はガンや脳卒中といった深刻な病気の予防にもっと注意を払う必要があります）となります。

次に、もう1つ重要なテンプレートをご紹介します。

テンプレート⑭　「～にさかのぼる、由来する」

> **X dates[goes / traces] back to Y.**
> **X dates from Y.**
> **X originates in Y.**
> **X derives[comes / originates / stems] from Y.**
> **X traces one's root[origin] back to Y.**
>
> （X の起源は Y にさかのぼる［由来する］）

「起源」を表す表現には上のようにたくさんの言い方があります。

「剣道の起源は武士の時代にさかのぼる」は、Kendo dates[traces] back to the time of the samurai warriors. や Kendo traces its root back to the time of the samurai warriors. ということができます。「その習慣は平安時代に始まった」なら The custom dates from the Heian Period. あるいは The custom originates in the Heian Period. となり、また、「この習慣はある古い伝説に由来する」なら This custom originates[derives / comes] from an old legend. となります。自分で使える表現をいくつか用意しておくとよいでしょう!

では、次の質問にまいりましょう。

▶ TRACK 152

Q. What is the popular martial art in Japan?
日本で人気の武道は何ですか。

テンプレートを使って言ってみよう!

日本の伝統的な武道には、柔道、剣道、空手、相撲などがあります。	There are several traditional Japanese martial arts **such as** *judo*, *kendo*, *karate*, and *sumo*.

☞ 例を列挙するテンプレート「A such as B」を含む表現として、There are several X such as A, B, and C「A、B、C をはじめ、いくつかの X があります」は非常に頻度の高い表現! ぜひ使えるようになろう!

■ 相撲の場合

1. その中で相撲が日本で最も人気のある武道だと思います。	Among them, I think *sumo* is the most popular martial art in Japan.
2. 相撲は力士が上手投げや押し出しなどの技を使って行われる伝統的な日本のスポーツです。	*Sumo* is a traditional Japanese sport played by wrestlers using techniques of an over-arm throw and a push-out.

☞ 相撲を話題にするときは、「上手投げ」over-arm throw、「押し出し」push-out の他、「寄り切り」forcing-out、「つり出し」lifting-out、「引き落とし」pull-down など決まり手の言い方も覚えておこう!

テンプレートを使って言ってみよう！

3. 相撲の起源はとても古い時代にまでさかのぼります。	The origin of sumo **dates back to** ancient times.

☞「〜までさかのぼる」は date back to 〜 や trace back to 〜 のテンプレートを使う。

4. 相撲の取組は悪霊を払うための神事として行われました。	*Sumo* bouts were held as a Shinto ritual to drive away evil spirits.

☞「相撲の取組」a sumo bout、「神事」a Shinto ritual、「悪霊を払う」drive away evil spirits などは、相撲の説明で必須表現！

5. 大相撲は年 6 回行われ、1 場所は 15 日間です。	Every year six Grand Sumo Tournaments are held, and each lasts fifteen days.

☞「大相撲」は the Grand Sumo Tournament、「(イベントが) 開催される」は (an event) is held となる。

■ 剣道の場合

1. 武士のための武道だった剣道は今日でも日本人に人気です。	*Kendo*, which was a martial art of samurais, is popular among Japanese people even today.
2. 竹刀と呼ばれる竹製の刀と防具を使って剣道は行われます。	We practice *kendo* with a sword made of bamboo called *shinai* and protective equipment.

☞「X でできた Y」Y made of X は重要！「竹製の刀」は a sword made of bamboo、「木製の家具」は furniture made of wood。

3. 剣道をする人は、面、小手、胴を防具として着けます。	*Kendo* players wear a set of protective gear for their face, arm and body.

☞「〜を身につけている」は wear 〜。「サングラスををかけている」は wear sunglasses、「ブーツを履いている」は wear boots。

270

| 4. 剣道では「礼に始まり、礼に終わる」と言われる通り、礼儀が非常に重要です。 | As they say in *kendo*, "Begins with a bow and ends with a bow," courtesy is very important. |

☞ 日本の武道に共通して重んじられる「礼儀」は courtesy といえ、「自己鍛錬」は self-discipline。「X に始まり、Y に終わる」は begin with X and end with Y。

| 5. ですから、精神修養のために子供に剣道を習わせる親もいます。 | Therefore, some Japanese parents have their children practice *kendo* to discipline them. |

☞ 「人格を鍛える」は discipline one's character、「精神を鍛える」なら discipline one's mind となる。どちらも武道を語る際のキーワード！

▶ TRACK 153

Q. Why do *sumo* wrestlers throw salt on the ring before the bout?

どうして力士は取組の前に土俵に塩をまくのですか。

テンプレートを使って言ってみよう！

| 1. 土俵の悪霊を追い払い、取組の間に力士がけがをしないように祈ることは、神道の儀式となっています。 | It's a Shinto ritual to drive away evil spirits on the ring and to **pray that** wrestlers **won't** get hurt during the bout. |

☞ 「悪霊を追い払う」drive away evil spirits。「（～する［しない］よう）祈願する」は pray that S will［won't］～ を使う！

| 2. 日本では、塩は土俵を清めるために長く使われてきました。 | In Japan, salt has been used to purify the ring for a long time. |

☞ purify the ring「土俵を清める」は重要表現。まず、塩が「神道での浄めの儀式」（Shinto ritual purification）で使われていることを説明。他に、「悪い運気」（bad luck）が溜まりやすいとされる、風呂場や台所などの水や火を取り扱う場所や、運気の入口である「玄関先」（at the entrance to a house）などに置かれる「盛り塩」（a pile of salt）に興味を示される場合もあるので、説明できるようにしておこう！

Q. What kinds of deities are there in Japan?

日本にはどんな神々がいるのですか。

1. 日本には「八百万の神」がいて、次の3つに分類されます。	There are "eight million deities" in Japan, which are divided into the following three categories.

☞ 「八百万の神」は eight million deities、「次の（数）のカテゴリーに分類されます」be divided into the following（数）categories は日常会話からビジネスミーティングまで頻繁に使われる重要表現！

テンプレートを使って言ってみよう！

2. 1つめは、富士山や華厳の滝など、自然を神格化したものです。	The first category is deified natural beings **such as** Mt. Fuji and the Kegon Waterfalls.

☞ 例を挙げるテンプレート「A such as B」を使う！「自然を神格化したもの」は deified natural beings。

テンプレートを使って言ってみよう！

3. 2つめは浅草神社や鶴岡八幡宮など、特定地域の守護神です。	The second category is guardians of **such** places **as** the Asakusa Shrine or the Tsurugaoka Hachiman Shrine.

☞ such A as B は、例を示すテンプレート「A such as B」の変形バージョン！「〜の守護神」は guardians of 〜 で、例えば「地蔵は旅人や子供の守護神だ」なら Jizos are the guardians of travelers and children. となる。

テンプレートを使って言ってみよう！

4. 3つめは日光東照宮の徳川家康など、英雄を神格化したものです。	The third category is deified heroes **such as** Tokugawa Ieyasu in the Toshogu Shrine of Nikko.

いかがでしたか。次は日本の食事などについて何でも話せるようになりましょう！

③

「日本の食事・スポーツ・エンタメ」スピーキング力UPトレーニング
Japanese Meals, Sports, and Entertainment

和食が 2013 年に**ユネスコ無形文化遺産に指定された**（**designated as UNESCO's intangible cultural asset**）ことで、伝統的な和食やカジュアルな和食文化、また**和食のマナー**（**table manners of** *washoku*）が世界から注目され、ますます話す機会が増えています。また、アニメの影響で盛んになっている**メイド喫茶**（**maid café**）や**漫画喫茶**（**manga café**）にも興味を持っている外国人が多いので、それらを英語で説明できる英語力と知識を身につけておきましょう！

テンプレート⑮　料理の説明：構造

> **X[料理名] is A [ベースの材料名] topped with B[トッピング材料].**
> **A [ベースの材料名] with B [トッピング材料] on top.**
> **B [トッピング材料] topped on A[ベースの材料名].**
>
> （X は B がのっている A です）

料理、特に丼物や麺類、寿司の説明に必須なのが、このテンプレートです。例えば「きつねうどん」は「上に油揚げがのったうどん」なので、wheat noodles topped with deep-fried *tofu*、wheat noodles with deep-fried *tofu* on top、または deep-fried *tofu* topped on wheat noodles（油揚げをのせたうどん）となります。

「うな丼」は「ウナギの蒲焼をのせた丼」なので、a bowl of rice topped with broiled eel、a bowl of rice with broiled eel on top、または broiled eel topped on a bowl of rice のように説明します。

「ちらし寿司」は「錦糸卵・刺身・野菜を寿司飯の上にのせたもの」なので、vinegar-flavored rice with thin strips of egg, pieces of raw fish, and vegetables arranged on top のように表現します。

テンプレート⑯　料理の説明：材料と味付け

> **X[料理名] is A [料理の種類] with B[材料] seasoned with C [調味料].**
> **（X は C で味付けされた B の入った A です）**

　食べ物の説明では、まずは料理の種類を述べ、後ろに材料を with で加えて
いきます。最後に材料の味付け方法を seasoned with 〜（〜で味付けされた）
と加えて完成です！　例えば「肉じゃが」なら、料理の種類＝ stew（シチュー）、
材料＝ meat and potatoes（肉とじゃがいも）、味付け＝ say sauce and sugar
（しょうゆと砂糖）なので、*Nikujaga* is a stew with meat and potatoes
seasoned with say sauce and sugar. のように説明できます。

　では、このテンプレートを使って、以下の質問に答えるトレーニングをいた
しましょう！

▶ TRACK 155

Q. Tell me about popular foods in your country.
あなたの国の人気の食べ物について教えてください。

■ 寿司の場合

1. 寿司は日本で最も人気のある食べ物の 1 つです。	Sushi is one of the most popular foods in Japan.

テンプレートを使って言ってみよう！

2. 一番人気は握り寿司で、小ぶりのお米の上に生魚の切り身がのっているものです。	The most popular one is *nigiri-zushi*, a small portion of rice **with** a slice of raw fish **on top**.

☞「握りずし」は「X is A with B on top」のテンプレートを使ってみよう！　他に
も a small portion of rice topped with a slice of raw fish ともいえる。

274

■ 鍋の場合

1. 鍋も日本人に大人気です。	Hotpot "*nabe*" is also very popular among Japanese.

☞「鍋物」は hotchpotch（米）または hodgepodge（英）ともいう。「おでん」は a Japanese hotchpotch of ingredients such as boiled eggs and vegetables と説明しよう！

2. この鍋を一緒に食べるという経験が友情を深め、会話がはずむのです。	The experience of sharing *nabe* together strengthens friendship and stimulates conversations.

☞「友情を深める」は strengthen friendship や enhance the bond of friendship と表現できる。「話がはずむ」は stimulate conversations の他に generate a lively conversation ともいえる！

3. 数人で鍋を囲み、そこから自分の器に具材や出汁を取り分けて食べます。	Several people sit around a *nabe*, take ingredients into their own bowls and eat them.
4. 鍋は沸騰した出汁の中に材料を入れるだけの簡単な料理です。	*Nabe* is easy to cook; just put ingredients into the boiled stock.

☞「出汁」は boiled stock。

5. 鍋は肉と野菜がバランスよく入った健康食なのです。	*Nabe* is a wholesome food with both meat and vegetables equally balanced in it.

☞「健康に良い食べ物」は a wholesome[healthy] food、「バランスよく A と B が入った」は with A and B equally balanced in。

■ すき焼きの場合

テンプレートを使って言ってみよう！

すき焼きは、薄切り牛肉と野菜を使った鍋料理で、しょうゆと砂糖で味付けします。	*Sukiyaki* **is** a hot pot dish **with** sliced beef and vegetable **seasoned with** soy sauce and sugar.

☞「すき焼き」の料理の種類＝a hot pot dish（なべ料理）、材料＝薄切り牛肉と野菜、味付け＝しょうゆと砂糖（soy sauce and sugar）なので、材料と味付けのテンプレートX［料理名］is A［料理の種類］with B［材料］seasoned with C［調味料］を使ってまとめよう！

▶ TRACK 156

Q. What are the important table manners in your country?
あなたの国のテーブルマナーで重要なものは何ですか。

1. 日本の最も重要なテーブルマナーに箸の作法があります。	One of the most important table manners in Japan is how to use chopsticks.
2. 箸の作法にはいくつか重要な禁止項目があります。	There are several big no-nos with the use of chopsticks.

☞ no-nos は「やってはいけないこと」という口語表現。

3. 箸をご飯に真っ直ぐに突き刺し、立てたままにしないこと（立て箸）。	Don't stick your chopsticks straight up in the rice or leave them standing up.
4. 自分の箸から他の人の箸へ直接食べ物を渡さないこと（拾い箸）。こうすると日本人はお葬式を思い起こします。	Don't pass your foods directly from your chopsticks to others'. This reminds Japanese people of funeral practices.

☞「（人）に～のことを思い起こさせる」は remind（人）of ～を使うが、ここでは他に This has associations with funeral practices.「これはお葬式を連想させる」とも言える。

5. 箸を食べ物に突き刺さないでください（刺し箸）。	Don't stick your chopsticks in your foods.
6. 食事中に箸をなめないこと（ねぶり箸）。	Don't lick your chopsticks while eating.
7. 箸を使って、食器を引き寄せないこと（寄せ箸）。	Don't draw a dish toward yourself with your chopsticks.

| 8. どれを食べるか迷って、いくつかの皿の上で箸を迷わせないこと（迷い箸）。 | Don't move your chopsticks over some plates while deciding what to take. |

☞ どれも基本的な日常の動作表現がかなめとなる。stick X in Y「X を Y に突き刺す」、lick「なめる」、draw 〜 toward yourself「こちらに〜を引き寄せる」、move X over Y「Y の上で X を動かす」などの動詞を駆使して説明しよう！

▶ TRACK 157

Q. What do Japanese people have for the New Year dishes?
日本人は正月にどんな料理を食べるのですか。

| 1. 日本の伝統的なお正月料理はおせち料理と呼ばれています。 | Traditional Japanese New Year dishes are called *osechi-ryori*. |

☞ 「料理」を表す表現で最も一般的なのは、food「食品（食材にも使う）」で、dish は「（調理されて食器に盛りつけられた）個々の料理」を、meal は朝食や昼食などの１セットの「食事」を指し、cuisine はある国や地方、文化に密着した料理を指すフォーマルな表現。

| 2. 材料には通常、焼き魚、さつま揚げ、砂糖としょうゆで味付けした黒大豆が含まれています。 | The ingredients include grilled fish, fish cake, and black soybeans seasoned with sugar and soy sauce. |

☞ 「さつま揚げ」は fish cake。料理によく使う一般表現として、「焼き物」は grilled dishes、「煮物」は boiled dishes、「蒸し物」は steamed dishes、「揚げ物」は fried dishes。seasoned with 〜「〜の味付けがされた」の他、be flavored with 〜「〜で風味付けされた」、be served with 〜「〜と一緒に出される」、fermented「発酵した」、deep-fried「油で揚げた」なども日本料理の説明では必須表現！

| 3. それぞれの珍味には、幸運に関連する独自の意味があります。 | Each delicacy has its own meaning associated with good luck. |

☞ delicacy は「珍味、ごちそう」という意味。associated with ～ は「～に関連した」で、「日本料理関連のテレビ番組」なら TV programs associated with Japanese food となる。

テンプレートを使って言ってみよう！

4. 例えば、昆布巻きは幸せへの願いを、黒豆は健康への願いを象徴しています。	For example, *konbu* seaweed rolls **symbolize** a wish for happiness, and black beans **symbolize** a wish for health.

☞「象徴する」のテンプレート「X symbolizes Y」（X は Y を象徴する）を使おう！

5. エビは長寿を意味し、ニシンの卵は豊饒と繁栄を意味します。	Shrimp means longevity, and herring roes means fertility and prosperity.

☞ 代表的な ingredient「食材」や料理名として、herring roe「数の子」、fish cake「かまぼこ」、black beans「黒豆」、seaweed rolls「昆布巻き」とその意味を言えるようにしておくと話が広がる。

▶ TRACK 158

Q. What sport is popular in your country?
あなたの国で人気のあるスポーツは何ですか。

■ サッカーの場合

1. サッカーは私の国で最も人気のあるスポーツの１つです。	Soccer is one of the most popular sports in my country.
2. 年間を通じて広く若者にプレーされています。	It is widely played by young people throughout the year.

☞「通年」は throughout the year。

3. 現在、男性だけでなく女性もサッカーをしています。	Nowadays not only men but also women play soccer.

☞「A だけでなく B も」は not only A but also B または B as well as A。

4. 女子サッカー代表チームのなでしこジャパンは、2015 年の FIFA 女子ワールドカップで銀メダルを獲得しました。	Nadeshiko Japan, our national female soccer team, has won the silver medal at the 2015 FIFA Women's World Cup.

☞「準優勝する」は win the silver medal[second prize]、「優勝する」は win the gold medal[first prize]。

■ マラソンの場合

1. 多くの人がレクリエーションと健康のためにマラソンを楽しんでいると思います。	I think that many people enjoy running a marathon **for recreation and health promotion**.

☞ for recreation and health promotion「娯楽と健康増進のために」

2. 先日、県内のマラソンフェスティバルに参加しました。	**The other day**, I took part in a marathon festival in my prefecture.

☞「〜に参加する」take part in 〜 は、join 〜 や participate in 〜 とも言える。このように 一般論を述べた後に、それに関連して the other day などを用いて個人の具体例を出して話をうまく広げていこう。

3. イベントには 1 万人もの参加者がありました。	There were **as many as** 10,000 participants in the event.

☞ 多さを強調したいときは as many as を使う。

off

▶ TRACK 159

Q. Why are maid cafés popular in Japan?
なぜ日本ではメイド喫茶が人気なのですか。

1. メイド喫茶は、現実世界のストレスや孤独を和らげたい人にとって一時的な逃げ場となっています。	Maid cafés provide a temporary escape for people who want to relieve their stress and loneliness in the real world.

☞「ストレスや孤独を和らげる」は relieve one's stress and loneliness。

2. メイド服を着た若くてかわいいウェイトレスが、お客さんをご主人様のようにおもてなしします。	Customers are treated like lords by young pretty waitresses wearing maid costumes.

☞「～のようにもてなしを受ける」は be treated like ～。

3. この経験は彼らに日常からの一時的な逃避感をもたらすのです。	This experience provides customers with a sense of temporary escapism from daily lives.

☞ provide A with B「A に B を与える」「日常生活から一時的に逃避している感覚」は (a) sense of temporary escapism from daily lives。

4. メイド喫茶のウェイトレスはとてもおもてなし上手で、ゲームをしたり、かわいいフレーズを口ずさみつつ給仕したり、時にはスプーンで食べさせてくれたりします。	Waitresses entertain customers by playing games, chanting a cute phrase while serving food, or even by providing spoon-feeding services to customers.

☞「～をして客をもてなす」は entertain customers by ～ing。

テンプレートを使って言ってみよう！

5. そういう理由から、私の国ではとても人気があります。	**That's why** they are very popular in my country.

☞ That's why SV は「そういうわけで～なのです」と理由を述べた後の締めのテンプレートとして使う！

☞ TRACK 160

Q. Tell me about manga cafés in your country.
漫画喫茶について教えてください。

1. 漫画喫茶は人々が漫画やインターネットサーフィン、ドリンクバーを楽しむことができるユニークなカフェです。	A manga café, or manga kissa, is a unique café where people can enjoy manga, Internet-surfing, and free drinks.
2. 漫画喫茶ではシャワーを浴びたり、個別ブースで宿泊することさえできます。	You can even take a shower and stay the night in private booths at a manga café.
3. 漫画喫茶の中にはマッサージ機やダーツ、ビリヤード、卓球コーナーを備えているところもあります。	Some manga cafés have a massage machine and areas for darts, billiards, and table tennis.

☞「卓球コーナー」は「卓球ができるところ」と考えて areas for table tennis となる。

4. 平均的な料金は最初の30分で200円、12時間の滞在で2,400円です。	The average rates are 200 yen for the first 30 minutes' stay, and 2,400 yen for 12 hours' stay.

☞「平均的な料金」を述べるときは The average rates are X yen for Y「Yの平均的な料金はX円です」を使う。

5. 料金が安いため、漫画喫茶はしばしば低所得者層にとって便利な宿泊所となっています。	Thanks to the lower rates, a manga café is often a convenient accommodation for even low-wage workers.

☞「低所得者層」は low-wage workers または a low-wage bracket。漫画喫茶は終電を逃した人（those who have missed the last train）の「宿泊所（accommodation）」にもなっている。

　いかがでしたか。以上で、「日本紹介」のトピックについて論理的に話すトレーニングは終了です。本章の16のテンプレートを復習し、日本についてなんでも話せるように練習を続けてください。それでは、次のChapter 9「メディア・テクノロジー・健康・環境スピーキング力UPトレーニング」へ、張り切ってまいりましょう！

Chapter 9

「メディア・テクノロジー・健康・環境」スピーキング力 UP トレーニング

メディアに関するトピックは、インターネットを活用した連絡手段やソーシャルメディア（SNS）の是非、通販の目的や買い物傾向の変化、広告の是非や電子メディアの将来性など多岐にわたります。テクノロジー関連のトピックは AI 技術の未来やロボット使用の功罪などがあり、また健康関連では現代生活の健康への影響やバランスの良い食生活の重要性、環境関連ではエコな社会活動や環境に対する意識の変化など、こちらも幅広い分野に及びます。このような社会トピックに対応するためには、自分の意見についてスラスラ言えるように準備しておかなければならないのと同時に、最新の経済的かつ文化的社会状況にもアンテナを張って日頃から新聞や経済誌を定期的に読み、その背景知識を蓄積しておく必要があるでしょう。

　この分野における重要なトピック・質問には次のようなものがあります。

❶ **How do you keep in touch with your friends or family?**
　（友人や家族とどのように連絡を取っていますか）

❷ **Has your shopping habit changed in recent years?**
　（あなたの買い物習慣は最近変わりましたか）

❸ **How can machine benefit people? Are there any negative effects of using them?**（機械はどのように人に恩恵を与えることができますか。機械を使うことのデメリットはありますか。）

❹ **Is it important for you to eat healthy food?**
　（健康的な食品を食べることはあなたにとって重要ですか）

❺ **Are you doing something good for the environment?**
　（あなたは環境への配慮をしていますか）

　日常的な友人や家族への連絡方法や環境への配慮に関する質問に対しては具体的な例を挙げて述べる必要があります。機械の使用の功罪についてはメリットとデメリットを考え、自分の意見とは逆の立場の質問が来ても論理性をベースに首尾一貫したアーギュメントで返答できるようにしておかなくてはなりません。

　では、ここで例文練習を始める前に、トレーニングとして次のトピックに関してキーアイデア（ポイント）を考えてみましょう。賛成と反対の両方の立場で言ってみましょう。

Q. Do you think the Internet is beneficial to you?

あなたはインターネットを有益だと思いますか。

賛成の場合は、次のようなキーアイデアが挙げられます。

1. インターネットのおかげで瞬時に様々な情報を見つけることができる。

   (The Internet allows me to find various kinds of information in a matter of a second)

2. 世界中で私のビジネスチャンスを広げる。

   (The Internet expands my business opportunities in the world)

3. 私の教育の機会を拡大する。

   (The Internet will broaden my educational opportunities)

4. ネットを使ったコミュニケーションで友人たちと連絡しやすい。

   (Online communication makes it easier for me to keep in touch with my friends)

反対の場合は、次のようなキーアイデアが考えられます。

1. 私の個人情報が SNS を通じて漏れる可能性がある。

   (My personal information can leak through social media)

2. インターネットの広告は私の衝動買いを増加させる。

   (Online advertisement will encourage my impulse purchase)

3. ネットコミュニケーションは私の友人たちとの対面でのコミュニケーションを阻害する。

   (Online communication can harm face-to-face communication with my friends)

4. インターネットの使用でネット詐欺に遭いやすくなってしまう。

   (The use of the Internet can make me more susceptible to online fraud)

　このように自分の立場のみならず反対側の意見も練習しておきましょう。そうすることでキーアイデアが蓄積され、あらゆるトピックに対応できるベースが構築されます。

その他の重要なトピックとして以下のようなものがあります。キーアイデア（ポイント）を考えておきましょう。

● メディア関連

[コミュニケーション]
Do you reply to emails and messages as soon as you receive them?
（メールにすぐに返事をする方か）
Is it valuable for you to have a face-to-face communication with people?
（対面コミュニケーションの重要性について）
How much time do you usually spend on social media?
（SNS に費やす時間）
What kind of information about yourself do you put on the social media?
（ソーシャルメディアに載せる個人情報について）
Is there anything you don't like about the social media?
（ソーシャルメディアのデメリット）

[ネット通販]
Do you think you have benefits from buying things online than at retail stores?
（ネット通販のメリット）
What kind of things do you usually buy from online stores?
（ネット通販で購入するもの）
Have you ever had any troubles with online shopping?
（ネット通販トラブルについて）

[広告]
Are you happy to receive emails that are advertising things?
（広告のメリット）
Have you ever been deceived by advertisement?
（広告に騙された経験について）

[電子書籍]

How popular are electronic books?（電子書籍の人気度）

What are the advantages of reading electronic books compared to printed books?（電子書籍のメリット）

Will electronic books ever completely replace printed books in the future?（将来的に紙媒体に取って代わるのか）

● テクノロジー関連

What kinds of machines are used for housework in modern homes?
（家庭におけるロボットや機械の浸透）

What kinds of AI robots would you like to have in the future?
（将来欲しいロボットについて）

What kind of equipment do you need to use at work?（仕事で使う機器）

● 健康＆環境関連

What do you do regularly to stay healthy?（健康維持方法）

Are there any modern lifestyles that you think are not healthy?
（現代生活が健康に及ぼす影響）

Are you doing something good for the environment?
（あなたは環境にやさしいことをしていますか）

　特に、メディアやテクノロジー関連の質問に対する答え方として、ぜひとも覚えておきたいのは次のテンプレートです。

テンプレート①

X makes it easier for me to ～.

（X のおかげで～しやすくなりました）

　X の部分にはインターネットや SNS、文明の利器などが入ります。
例えば、次のような質問があるとします。

> **Q. Do you think that the use of the Internet has changed your life for the better?**
>
> インターネットの使用によって生活がもっと良くなったと思いますか。

この場合、テンプレートを使い以下のように答えると、インターネットの利点を述べながら引き締まった英文で表現可能です。

1.（ネットのおかげで）友人と連絡しやすくなりました。	The Internet **has made it easier for me to** communicate with my friends.
2. 必要な情報を見つけやすくなりました。	The Internet **has made it easier for me to** find necessary information.
3. ビジネスを拡大しやすくなりました。	The Internet **has made it easier for me to** expand my business.
4. 最新事情についてキャッチアップしやすくなりました。	The Internet **has made it easier for me to** keep up with the latest trends.

さらに、次のテンプレートも「テクノロジーの恩恵」を述べるときには大変便利なのでぜひとも使いこなせるようになりましょう。

テンプレート②

> **It is a great benefit for me to ～.**
> （～することは私にとって大きなメリットです）

例えば次のような質問にもこの形を活用して答えることができます。

> **Q. Is social media services useful to you?**
>
> ソーシャルメディアは役に立っていますか。

ソーシャルメディアのメリット「友人との交流」「情報をゲット」「ビジネスに使用」を、それぞれテンプレートを使用して述べると以下のようになります。

1. ソーシャルメディアで友人と交流することは大きなメリットです。	**It is a great benefit for me to** interact with my friends on social media.
2. ソーシャルメディアでタイムリーな情報を見つけられることは大きなメリットです。	**It is a great benefit for me to** find timely information on social media.
3. ソーシャルメディアで自分のビジネスを宣伝できるのは大きなメリットです。	**It is a great benefit for me to** advertise my business on social media.

いかがですか。このテンプレートを使えば、このように IT に関連したメリットを述べるときはもちろん、ロボット開発など最新テクノロジーの恩恵を述べる場合にも効果的に自分の意見を伝えることが可能です。

例えば、**Would you like to have a robot in the future?**（将来、ロボットを持ちたいですか）という質問に対しては、次のように表現できます。

1. **It is a great benefit for me to have a housekeeping robot because it helps me to spend more time with my family.**

   （家事ロボットを持つことは、家族ともっと多くの時間を過ごせるので、私にとって大きなメリットです）

2. **It is a great benefit for me to have a nursing-care robot because it can ease my burden of taking care of my old parents.**

   （介護ロボットを持つことは、年老いた親の面倒をみる負担を軽くしてくれるので、大きなメリットです）

それでは、以上を踏まえて実戦練習をいたしましょう！　まずは「メディア」に関する質問からです。準備はいいですか。

① 「メディア」スピーキング力UPトレーニング
The Media

　私たちの日常生活や**対人関係（interpersonal relationships）**の構築にも、メディアは深く関わっています。SNSなど**インターネットを活用したコミュニケーション（online communication）**やネット通販の利便性、広告による個人消費の影響などについて、英語で言えるようになりましょう！

▶ TRACK 164

Q. How do you usually contact your friends and family?
普段は友達や家族にどのように連絡を取っていますか。

　まずは日常的な連絡手段と、その理由を考えてみましょう。

1. 日々の連絡手段としてショートメールを使います。	I usually use text messages **as a means of communication**.

☞ as a means of communication「連絡の手段として」はぜひとも使えるようになろう！

2. ネットのメールは時間や場所に関係なく交換できます。	You can exchange online messages **regardless of time and place**.

☞ regardless of time and place「時間や場所に関係なく」は必須フレーズ！ この他 regardless of geographical locations「地理的条件に関わらず」も重要なので使えるようになろう！

　では、緊急の場合では連絡手段はどう変わるか考えてみましょう。

3. しかし緊急のときは彼らに電話をかけます。	But I call them in case of emergency.

☞ in case of [in the event of] emergency「緊急時には」。他に when it is urgent「緊急の場合には」にも言い換え可能。

4. なぜなら彼らは時々圏外にいてショートメールを受け取ることができないからです。	This is because they sometimes cannot receive text messages **outside the service range**.

☞ outside the service range「圏外に」はぜひとも使えるようになろう！ 他に not have reception「圏外である」、out of area [range]「圏外」などの言い方もある。

▶ TRACK 165

> **Q. Do you respond to emails and text messages as soon as you receive them?**
>
> あなたはメールやショートメールを受信するとすぐに返事をしますか。

■ Yesの場合

1. プレッシャーを感じて私はたいてい友人にすぐに返事をします。	I usually try to make a quick response to my friends because of peer pressure.

☞ peer pressure「仲間からの圧力」はぜひとも覚えておこう！ resist peer pressure「周囲の（仲間からの）圧力に屈しない（抵抗する）」も重要。「早急な返事（a quick response）」はこの他に a prompt [speedy] response のようにも言い換え可能。

2. 友人たちはいつもすぐに返事をくれるので、その好意にお返ししようとしています。	They usually give me a quick response, so I try to **reciprocate their kindness**.

☞ reciprocate one's kindness [favour] は「親切にお返しする」の重要表現。他に live up to their expectations「彼らの期待に添う」も覚えておこう。

3. 結局遅かれ早かれ返事をしなくてはならないのであれば、そのことを先延ばしにしたくはありません。	I don't want to put off my response when I have to respond sooner or later.

☞ put off「後回しにする」。関連表現として get back to ～「～に返事をする」、push back the schedule「スケジュールを先延ばしにする」も重要！

291

■ Noの場合

1. すぐに返事をするというプレッシャーに縛られるのは好きではありません。	I don't want to **be bound by pressure** to make an immediate response.

☞ be bound by ～ 「～に縛られる」はぜひとも使えるようになりたいフレーズ。他に be tied to one's work 「仕事に縛られる」、be restricted to the tradition 「伝統に縛られる」も覚えておこう！

2. 我々のテクノロジーは素晴らしい便利さをもたらしてくれましたが、それにコントロールされるべきではありません。	Our technology has brought us great convenience, but we should not let it **take us over**.

☞ take us over 「我々をコントロールする」は必須フレーズ！ We shouldn't be dominated by technology. 「テクノロジーに支配されるべきではない」と言い換え可能。

▶ TRACK 166

Q. Is it valuable for you to have real, face-to-face communication with people?

あなたにとって対面のコミュニケーションは重要ですか。

対面コミュニケーションの長所を考えてみましょう。

1. 情報を間違って伝えることを避けるために直接コミュニケーションをするのは重要だと考えます。	I think it is more important to communicate with them in person to prevent miscommunication.

☞ in person 「生で、直に会って」は重要フレーズ。miscommunication 「誤った伝達」

2. お互いの顔の表情を見ることは相互理解やより良い関係のための重要な要素です。	Seeing each other's facial expressions are **valuable cues** for mutual understanding and better relationships.

☞ valuable cue 「価値のあるヒント」は必須フレーズ！

3. 対面コミュニケーションの不足は親しいか継続的な関係を築くことを難しくします。	Lack of face-to-face communication makes it difficult to build close or **long-lasting relationships**.

☞ long-lasting relationships「長続きする関係」は覚えておこう。

▶ TRACK 167

> **Q. Do you think you benefit more from buying things online than shopping at retail stores?**
>
> ネット通販で買い物する方が店舗で買うより得だと思いますか。

　まずはネット通販の利便性を考えてみましょう。この質問にはぜひテンプレート②（It is a great benefit for me to 〜.）を使って答えてみましょう！

■ Yesの場合

テンプレートを使って言ってみよう！

1. 24時間ネットで買い物できることは私にとって大きなメリットです。	**It is a great benefit for me to** shop online **around the clock**.

☞ around the clock「24時間対応の」は会話力をアップさせる必須フレーズ！

2. フルタイムで仕事をしていつも時間に追われているので、ネット通販はとても役に立っています。	I'm a full-time worker, **always pressed for time**, so online shopping is verry helpful to me.

☞ pressed for time「時間に追われて」はぜひ使えるようになろう！　他に「多忙な生活を送る」lead a hectic life や「多忙でアップアップしている」be always overwhelmed by my busy schedule も使えるようになろう。

3. ネット通販は店に行く時間やエネルギーの大きな節約になります。	Online shopping saves me a lot of time and energy to go to stores.

☞ save me a lot of time and energy「時間とエネルギー節約になる」

4. もちろんです！ ネットショップの方がもっと豊富な選択肢から商品を選べて安いです。	Absolutely! I can choose products from a much wider selection online at reasonable prices.

☞ choose products from a wider selection online は have more alternatives from online stores「ネットショップではもっと選択肢が多い」のように言い換え可能。

5. インターネットの広告は私が買いたい商品の情報をたくさん与えてくれます。	Online advertisement makes me **well-informed** about the products I want to buy.

☞ well-informed「熟知する」はぜひとも使えるようになりたい重要フレーズ！

■ No の場合

1. 実店舗では自分の目で細かいところまで商品を確認することができます。	Retail stores allow me to check the details of products with my own eyes.

☞ with one's own eyes「自分の目で」。「自分の目で確かめる」は他に see for oneself, have a look oneself とも言い換え可能。

2. 店頭では商品の色味や感触を確かめることができます。	I can see the color and **feel the texture** of a product at a physical store.

☞ feel the texture「感触を確かめる」はぜひとも使えるようになろう！ a physical store「実体のある店（実店舗）」も重要。

3. 商品に欠陥があるかどうかも確かめることができます。	I can also check and see if the product is defective.

☞ defect は「欠陥」

▶ TRACK 168

Q. What kind of things do you buy from online stores?
どのようなものをネット通販で買いますか。

ネット通販で購入する具体的なものを考えてみましょう。

1. いつも本や衣服を買います。なぜなら普通の店舗で買うよりも比較的ずっと安いからです。	I usually buy books and clothes because they are relatively much cheaper than in **physical stores**.

☞ physical stores「実店舗」は必須フレーズ！ バリエーションとして brick-and-mortar stores も覚えておこう！

2. たいていは大量に飲み物を買います。なぜなら店舗から家に運ぶのが重いからです。	I often **buy beverages in bulk** because they are very heavy to carry back home from retailers.

☞ buy 〜 in bulk「〜を大量に買う」は必ず使えるようになろう！ retailer「小売店」

3. 通販で食料品を買います。なぜなら家に運んでくれるので大きな時間の節約になるからです。	I buy groceries online because I can have them delivered to my home, which saves me a lot of time.

☞「時間の節約になる」は very time-saving と言い換え可能。

▶ TRACK 169

Q. Have you ever had any trouble with online shopping?
今までネット通販でトラブルはありましたか。

具体的なトラブルを考えてみましょう。

1. 前に一度代金を支払ってから商品が届かなかったことがありました。	Once before, I did not receive my purchase after the payment.
2. 会社に連絡しようとしましたが、判明したのはその会社が偽物であることだけでした。	I tried to contact the company, but all I could find was that the company was fake.

☞ fake は fake a smile「作り笑いをする」、a fake smile「作り笑い」、It's a fake.「うそだ」のように動詞・形容詞・名詞として使える。

295

3. 購入したTシャツの色がサイトのものとまるっきり違っていました。	The color of a T-shirt I bought was totally different from that on the website.
4. クレジットカードを使いましたが、後でその番号が盗まれてカード詐欺に使われてしまいました。	I used my credit card, but later I found my number was stolen and used for **credit card fraud**.

☞ credit card fraud「カード詐欺」。他に credit card information leakage「カード情報漏れ」も覚えておこう！

5. 商品を交換するための送料を支払わなくてはならず、店舗で買うよりも高くつきました。	I had to pay shipping charges to exchange the item, which cost me more than buying at a retailer.

☞ shipping charges「送料」

▶ TRACK 170

Q. How have your shopping habits changed in recent years?
あなたの買い物習慣は最近どのように変わりましたか。

昔と比べてどのような変化があるか考えてみましょう。

1. ネットのおかげで実店舗に行かずに買い物をすることが多くなりました。	Thanks to the Internet, I often make purchases online without visiting retail outlets.
2. 昔は商品アドバイスを店舗の店員に頼っていました。	I used to depend on sales clerks at retail outlets for advice.
3. 今では家で口コミを読んで商品を比較しながら買い物を楽しめます。	Now, I can enjoy **comparison shopping** online at home based on **customer testimonials**.

☞ retail outlets「小売店」。comparison shopping「比較検討する買い物」は重要フレーズ！ customer testimonials「(商品やサービスを利用した)お客さまの声」はぜひとも使えるようになろう！

Q. Where do you prefer to go for shopping, to local retailers or large shopping malls?

地元の小売店と大型ショッピングモールでは、どちらに買い物に行くのが好きですか。

大型ショッピングモールを選ぶ場合、その利点を考えてみましょう。

1. そこでは、生活必需品からぜいたく品、エンタメまで必要なものがほとんどすべてあります。	It has almost everything I need, ranging from daily necessities to luxurious items to entertainment.

☞ ranging from A to B「A から B に及ぶ」は重要なので覚えておこう！

2. 施設内には友人や家族と一緒に楽しめるたくさんのレストランやカフェ、映画館があります。	There are many restaurants, cafés, and movie theaters **on the premises** to enjoy with my friends and family.

☞ on the premises「施設内で」はぜひとも使いたい必須フレーズ！

Q. Are there any local stores or businesses you like?

あなたが気に入っている地元のお店や商売はありますか。

小売店ならではのサービスを考えてみましょう。

1. 私がよく行くおいしいラーメン屋と本格的なイタリアンレストランがあります。	Well, actually there are good noodle shops and an authentic Italian restaurant I frequently go to.

☞ authentic Italian restaurant「本格的なイタリアンレストラン」は必須フレーズ！

2. それらは多くの大型のチェーン店が使わないようなこだわりの食材を使います。	They use carefully selected ingredients that many of the large restaurant chains never use.

☞ carefully selected ingredients「こだわりの食材」はぜひとも使えるように！
a local specialty「地元の特産品」も覚えておこう！

3. オーナーがデザインして素敵な帽子を作ってくれる近所の帽子屋もお気に入りです。	I also like a hat shop in my neighborhood where the owner designs and creates awesome hats.
4. 彼は私のリクエストに応えてくれて、私の好みに合う帽子を作ってくれます。	He caters to my request, and makes hats that suit my taste.

☞ cater to 〜「〜のニーズに合わせる」は必須フレーズ！ suit one's taste は「〜の好みに合う」で両方とも重要表現。

5. このような地元の店が、多国籍企業のチェーン店との競争に打ち勝つことを望みます。	I hope these local stores will **thrive in competition** with chain stores of multinational corporations.

☞ thrive「栄える、繁盛する」は重要単語。

(▶) TRACK 173

Q. How much time do you usually spend on social media?
普段どのぐらいの時間をソーシャルメディアに使いますか。

　具体的な時間と何をするかを述べましょう。またソーシャルメディア（SNS）に関する表現を覚えましょう。

1. たいていは友達や同僚の更新をチェックするのに 1 時間くらい使います。	I usually spend about an hour checking the new postings of my friends and my colleagues.

☞ new postings「新しい投稿」は必須フレーズ！

2. 友人の投稿をチェックして、いいねボタンを押すのに時間がかかります。	It takes time to check my friends' postings and respond to them by **hitting the like button**.

☞ hit the like button「いいねボタンを押す」は必須フレーズなので覚えておこう！

3. 世の中の動きにキャッチアップするために最新ニュースにざっと目を通します。	I also skim through news updates to **keep up with current affairs**.

☞ skim through「ざっと目を通す、拾い読みする」は重要フレーズ。keep up with current affairs「世の中の動きを把握する」はぜひとも使えるようになろう！

4. 普通は30分くらいですが、時々最新ニュースを見たり友達の更新をチェックしたりして2時間ほど使っています。	I usually spend about thirty minutes, but sometimes end up spending two hours browsing through news updates and checking my friends' postings.

☞ browse through「ざっと見る」はバリエーションとして skim through も覚えておこう！

また、次のように、ついつい時間を浪費すると述べることもできるでしょう。

5. ソーシャルメディアは楽しくて中毒性があるので、簡単に時間が過ぎるのを忘れてしまいます。	Social media can be fun and addictive, so I **lose track of time** easily.

☞ lose track of time「時間が過ぎるのを忘れる」はぜひとも使えるようになろう！
他に be hooked on social media「SNSに没頭する」や get caught up in / be absorbed in / immerse oneself in も覚えておこう！

▶ TRACK 174

Q. What kind of information about yourself do you post on social media?

ソーシャルメディアにあなたのどのような情報を載せますか。

ソーシャルメディアにどんな情報を載せるのか考えてみましょう。

1. たいていは遊びで行ったところや外食したときのおいしかった食事やデザートについてです。	It is mostly about places I visit for fun, tasty meals and desserts when I dine out.

☞ dine [eat] out「外食する」は必須フレーズ！

2. 私の友人やフォロワーのために映画や本、新製品のレビューも載せたりします。	I also post my reviews of movies, books and new products for my friends and followers.

☞ post reviews「レビューを載せる」

▶ TRACK 175

Q. Is there anything you don't like about social media?
ソーシャルメディアで気に入らないところはありますか。

ネガティブな面について考えてみましょう。

1. ソーシャルメディアでの交流をとても楽しむので、多くの時間を無駄にすることがよくあります。	I enjoy social media interactions so much that I usually end up wasting a lot of time.

☞ social media interactions「ソーシャルメディアでのやりとり（交流）」はぜひとも覚えてほしいフレーズ！

2. SNS で虚偽や間違った情報を拡散する人もいます。	Some people spread false or incorrect information on social networking sites.

☞ spread information「情報を拡散する」は重要フレーズ。

3. 私の個人情報が漏れる可能性がいつもあります。	There's always a possibility that my personal information will be leaked.

☞ information leakage「情報漏れ」も覚えておこう！

4. なりすまし犯罪や詐欺に注意していなくてはなりません。	I must be careful about identity theft and fraud.

☞ identity theft「なりすまし犯罪」は必須フレーズ！

5. 私はたいていプライバシー侵害を防ぐために、ネットへの写真掲載について注意をしています。	I'm usually careful about my pictures posted online to avoid **privacy invasion**.

☞ privacy invasion「プライバシーの侵害」はぜひ使えるように！

▶ TRACK 176

Q. Are you happy to receive emails that are advertising things?

商品を宣伝するメールを受信するのは好ましいことですか。

■ Yes の場合

1. 広告のおかげで何を買うべきか決めるときに選択肢がたくさんできます。	I can have more options to choose from when deciding on what to buy thanks to advertisement.
2. 広告をベースにして比較検討ができるのは利点です。	It is advantageous to be able to make a cross-reference based on the advertisement.

☞ make a cross-reference「相互参照する」はぜひとも覚えておきたいフレーズ！

■ No の場合

1. 広告は消費を刺激し、衝動買いと買い過ぎにつながります。	Advertisements stimulate consumption, thus causing impulse buying and overspending.

☞ impulse buying「衝動買い」、overspending「買い過ぎ」。他に unnecessary purchase「不要な買い物」も覚えておこう！

2. 人をだます広告が多いので、だまされないよう注意しなくてはなりません。	Many advertisements are misleading, so I should be very careful not to **fall for** them.

☞ misleading は「人を欺く」。fall for ～「～にだまされる」も重要フレーズ。

Q. Have you ever been deceived by misleading advertisements?
誇大広告にだまされたことはありますか。

具体的な経験を述べましょう。

はいあります。私は多くのやせ薬を買いましたが、全く効果はありませんでした。	Yes, I have. I bought lots of diet pills, but they didn't work at all.

☞ diet pills は「やせ薬」。他に health supplements「健康補助食品」がある。

Q. Is electronic media valuable to you?
電子メディアはあなたにとって価値のあるものですか。

まずは pros（長所）について考えてみましょう。この質問にはテンプレート①（X makes it easier for me to ~.）を使って答えることが可能です。

■ Yesの場合

テンプレートを使って言ってみよう！

1. 電子書籍によって大量の本にアクセスしやすくなります。	**E-books make it easier for me to** access a huge volume of books.
2. 電子書籍は多くの本を運ぶ負担をなくしてくれるので、とても便利です。	E-books are very convenient because they can **eliminate the burden** of carrying a lot of books.

☞ eliminate the burden「負担をなくす」。ease [lessen] the burden「負担を軽くする」も使えるようになろう！

3. 電子メディアは紙の本よりも安いので、とてもお金の節約になります。	Electronic media is less expensive than printed books, which will save me a lot of money.

☞ a time-and-money-saver「時間とお金の節約になるもの」も覚えておこう！

4. 電子書籍は家でダウンロードできるので、わざわざ本屋に行く必要がありません。	We don't have to go all the way to bookstores since e-books can be downloaded online at home.

☞ go all the way「わざわざ行く」は必須フレーズ！

5. 電子書籍は紙の消費を減らすことで森林保護を促進します。	E-books contribute to forest protection by reducing paper consumption.

☞ reduce paper consumption は「紙の消費を減らす」。

6. 電子メディアの利用は数多くの書籍輸送により引き起こされる環境汚染を減らします。	The use of electronic media can reduce environmental pollution caused by the transportation of huge numbers of books.

☞ environmental contamination「環境汚染」もバリエーションとして覚えておこう！

■ Noの場合

1. 読者は眼精疲労や肩こりになる可能性があります。	Readers may suffer from **eye strain** and stiff shoulders.

☞ eye strain「眼精疲労」、stiff shoulders「肩こり」は必須フレーズ！

2. 電子メディアには美的価値や有形資産価値がありません。	Electronic media has no aesthetic or tangible asset value.

☞ aesthetic value and appeal「美的価値と魅力」はぜひ覚えてほしい表現。

3. 美しい表紙を持つ印刷書籍と違って、電子書籍は芸術的で知的な雰囲気を作れません。	Unlike printed books with beautiful covers, E-books cannot create an artistic and an intellectual atmosphere.

☞ an intellectual atmosphere「知的な雰囲気」は必須表現。

4. 多くの人が部屋の装飾として書籍を飾るのが好きです。	Many people like to display books as an addition to the room decoration.

☞ as an addition to the room decoration「部屋の装飾として」

皆さん、いかがでしたか。たくさん音読練習をしてバリエーション豊かな表現を使えるようにしましょう。

　次は、テクノロジー関連のトピックについて話せるようにトレーニングをいたしましょう！用意はいいですか。

「テクノロジー」スピーキング力UPトレーニング
Technology

現代社会で暮らす私たちは、**最新テクノロジーの恩恵（blessings of the latest technologies）**を日々受けています。ロボットやデジタル機器など、**生活を豊かにする（enhance the quality of life）**テクノロジーの発展は凄まじいものがあります。そのメリット・デメリットを英語でどう表現するか、この章で学んでいきましょう！

▶ TRACK 179

> **Q. What kind of machine or AI-robot do you use for housework?**
>
> **家事にどのような機械やロボットを使っていますか。**

具体的に使っている機械（ロボット）を述べてから、そのサポートを続けましょう。

この質問にはテンプレート②（It is a great benefit for me to ～.）を使って答えることが可能です！

1. 私は食器洗い機や掃除ロボットを日常的に使っています。	I use a dishwasher and a robot vacuum cleaner every day.

☞ robot vacuum cleaner「お掃除ロボット」は vacuum-cleaning robot とも！

2. それらはたくさんの時間や労働を削減してくれ、家事の負担から私を解放してくれます。	They will free me from the burden of housework, saving me a lot of time and energy.

☞ free[liberate]（人）from the burden「（人を）負担から解放する」は relieve（人）of the burden とも言える。

3. 家族や自分自身のためにもっと自由な時間を過ごせることは大きなメリットです。	**It is a great benefit for me to** spend more free time with my family and with myself.

☞ It can be a great time and money saver. 「それは大変時間とお金の節約になる」という言い方も覚えておこう！

4. 現代社会に住む人は最新テクノロジーの恩恵を享受していると思います。	I think that people living in modern society can **enjoy the benefits of modern technology**.

☞ enjoy the benefits [blessings] of 〜 「〜の恩恵を享受する」を覚えておこう。「恩恵を享受する」はぜひとも使えるようになろう！

▶ TRACK 180

Q. Do you find anything negative about using such machines?
そのような機械を使うことにマイナスを感じますか。

まずはマイナスを感じない理由を考えてみましょう。この質問にはぜひ、テンプレート①（X makes it easier for me to 〜.）を使って答えてみましょう！

■ No の場合

1. そのような機械がなかったら、毎日家事をするのに時間と労力がかかります。	Without those machines, it is **time-and-energy-consuming** to do household chores every day.

☞ time-and-energy-consuming 「時間と労力がかかる」は必須フレーズ！

2. 仕事から家に帰ったら、私はたいてい疲れ果てて家事などはできません。	When I come back home from work, I usually feel too exhausted to do household chores.

☞ do household chores 「家事をする」は必須フレーズ！ 他に do the housework / keep house もバリエーションとして覚えておこう！

3. このようなロボットは家事の負担を軽くし、仕事と家庭の両立をしやすくしてくれます。	Those machines can lift the burden of housework, **making it easier for me to juggle work and home**.

☞ juggle work and home「仕事と家庭を両立させる」は会話力アップ間違いなし。この他、strike a good balance between work and home「仕事と家事のバランスを取る」も覚えておこう！

4. このような機械を使用することで、私は仕事の後にもっと自由な時間を確保しやすくなります。	Using these machines gives me more freedom to spend my time after work.
5. 私は便利さという点で最新テクノロジーの恩恵を得ています。	I benefit from **cutting-edge technologies** in terms of convenience.

☞ cutting-edge technology「最先端のテクノロジー」は、他に state-of-the-art [leading-edge / most advanced] technology「最先端技術」という表現も覚えておこう。

■ Yes の場合

1. 機械の音が歩き始めの小さな子供には騒音になります。	The noise from these machines can be loud for small children like toddlers.

☞ toddler「よちよち歩きの子供」。同義語 infant「乳児」も覚えておこう。

2. これらの機械は初期費用と維持費が高くつきます。	The initial and maintenance costs for these machines can be high.

☞ initial and maintenance costs「初期費用と維持費」

3. こういった機械は時々制御不能となって人の命を危険にさらすことがあります。	These machines can sometimes get out of control, **putting our lives in jeopardy**.

☞ get out of control は「コントロールできなくなる」、put ～ in jeopardy「～を危険にさらす」は必須フレーズ！

Q. What kinds of AI-robots would you like to have in the future?

どのようなロボットを将来的に持ちたいですか。

具体的に欲しいロボットを述べて、その理由を続けましょう。

1. 生活を豊かにするために絶対に家事ロボットが欲しいです。	I would definitely like to have a housekeeping robot to enhance the quality of life.

☞ enhance the quality of life「生活の質を高める」はぜひとも使えるようになりたいフレーズ！

2. 寂しさを和らげるためにペットロボットが欲しいです。	I would like to have a pet robot to relieve my loneliness.

☞ relieve my loneliness「寂しさを和らげる」は必須フレーズ。

3. 家の安全を維持するためにセキュリティーロボットが欲しいです。	I want to have a security robot to **ensure home security**.

☞ ensure home security「家の安全を維持する」は覚えておこう！

4. 年をとったときに、活発に動けるためにロボットスーツが欲しいです。	I want to have a robot-suit to help me **stay mobile** in my advanced age.

☞ stay mobile「活発に動ける」、in one's advanced age「高齢になって」はぜひとも覚えておきたいフレーズ！

Q. What kind of equipment do you use at work?

仕事でどのような機器を使いますか。

仕事で使うと便利な機器を考えて、具体的な用途を述べましょう。

1. コンピューターは職場で多くの仕事を仕上げるのに欠かせないものです。	A computer is indispensable for performing many tasks at work.

☞ indispensable「欠かすことのできない」

2. 仕事には、クライアントとの連絡やプレゼン、リサーチのためのデータ分析などがあります。	The tasks include corresponding with my clients, presentations, and data analysis for research.

☞ data analysis は「データ分析」。

　いかがでしたか。モデルアンサーのようにテンプレートを積極的に使ってみましょう。

　では次は、健康に関するトピックについて話せるようにトレーニングをいたしましょう！用意はいいですか。

3 「健康」スピーキング力UPトレーニング
Our Health

健康志向（**health-consciousness**）は日本のみならず世界中で広まりつつあります。**食生活（eating habits）**や**日々の運動（daily workout）**、医薬品との関わりまで、自身の健康習慣についても英語で説明ができるようトレーニングいたしましょう！

▶ TRACK 183

Q. What do you do regularly to keep fit?
健康を維持するために定期的に何をしていますか。

健康のために何をすべきか考えてみましょう。まずは「食事」の面から。

1. 健康を維持するためにできる限りバランスの良い食事をとるようにしています。	I try to have a well-balanced diet as much as possible to maintain my health.

☞「健康を維持する」は keep fit や stay fit などもよく使う重要表現！ be in good shape「体調がいい」、be out of shape または feel under the weather「体調が悪い」も覚えておこう！

2. ビタミンやミネラルのような栄養素は体がうまく機能するのにとても重要です。	Nutrients such as vitamins and minerals are essential for the body to function well.

☞ poor[insufficient] nutrition「栄養不良」も覚えておこう！

3. 糖分や塩分摂取量にも気をつけているし、脂肪の多い食事も避けています。	I'm also careful about **my sugar and salt intake**, and avoid a high-fat diet.

☞ sugar and salt intake「糖分や塩分摂取」。a high-fat diet「高脂肪な食事」。reduce alcohol intake by half「アルコールの量を半分に減らす」も重要！

| 4. 塩分や砂糖の摂りすぎは糖尿病や心臓病などの健康問題を引き起こします。 | **Excessive consumption** of sodium or sugar can cause health problems such as diabetes and heart disease. |

☞ excessive consumption「過度の摂取」。sodium「ナトリウム（塩分）」

次は「運動」の面から。

| 5. 健康を維持するために定期的にジムで運動をします。 | I work out regularly at a gym to keep fit. |

☞ work out「運動する」。regularly[on a regular basis]「定期的に」も覚えておこう！

| 6. いつもは約1時間ランニングマシーンで走って筋トレをします。 | I usually **hit the treadmill** for about an hour and lift weights. |

☞ hit the treadmill「ランニングマシーンで走る」。lift weights「筋トレをする」。take a brisk walk「元気よく歩く」も使えるようにしておこう！

| 7. 少し時間ができた時は家でストレッチや、ジョギングのような有酸素運動をします。 | I do some stretching at home or **do some cardio exercise** like jogging whenever I can get some time. |

☞ do stretching[stretch exercise]「ストレッチをする」。do cardio (aerobic) exercise「有酸素運動をする」。whenever I can get[find / grab] some time「ちょっと時間（暇）ができた時には」は会話でぜひ使えるように！

▶ TRACK 184

Q. If you catch a cold, what do you do to make yourself feel better?

もし風邪をひいたら改善のために何をしますか。

具体的な風邪対策を考えてみましょう。自分で対処する場合と医師に診てもらう場合が考えられます。

■ 自分で対処する

ドラッグストアに行って風邪薬と栄養ドリンクを買い、休息を取るために早めに寝ます。	I go to a drug store to buy cold medicine and energy drinks, and **turn in early** to take a good rest.

☞ an energy drink「栄養ドリンク」は a nutrition-supplement drink とも言い換え可能。turn in early「早めに就寝する」は重要フレーズ！ぜひとも使えるようになろう！この他 have nutritious and high-protein food「滋養のある高タンパクな食品をとる」のような対処法も考えられる。

■ 医師に診てもらう

処方された薬が欲しいので医者に診てもらいます。なぜならば市販の薬はあまり信用していないからです。	I usually see a doctor for prescribed medicine because I don't really trust **over-the-counter drugs**.

☞ over-the-counter drugs「市販の薬」（処方箋のいらない薬）は必須フレーズ！さらに home remedy「民間療法」も覚えておこう！

▶ TRACK 185

Q. Are there any modern lifestyles that you think are not healthy?

あなたが健康的でないと思う現代的なライフスタイルはありますか。

現代生活ではパソコンやスマホが健康に大きな影響を及ぼしていることを考えてみましょう。

1. 座ってばかりの生活は慢性の運動不足になり、それが脳卒中のような生活習慣病を引き起こします。	**Sedentary lifestyle** can lead to a chronic lack of exercise, which can cause lifestyle-related diseases such as stroke.

☞ sedentary lifestyle「座ってばかりの生活」は必須表現なのでぜひ使えるようになろう！chronic lack of exercise「慢性的な運動不足」や lifestyle-related disease「生活習慣病」も重要フレーズ。

2. 四六時中スマホを使うことは姿勢を悪くしたり、眼精疲労や肩こりを引き起こします。	Using a smartphone all the time can cause **a bad posture**, eyes strain and stiff shoulders.

☞ a bad posture「悪い姿勢」。eyes strain「眼精疲労」。stiff shoulders「肩こり」。他に constant exposure to the smartphone[computer] screen「スマホ [パソコン] 画面を絶えず見ること」も覚えておこう！

3. 若い人の中にはスマホの使い過ぎで老眼になる人もいます。	Some young people even get far-sighted due to overuse of smartphones.

☞ have aged eyes / have old sight「老眼である」も覚えておこう！

4. ソーシャルメディアを通じての社会交流は心身の疲労を引き起こします。	Social interactions through social media can cause **physical and mental fatigue**.

☞ social interaction「社会的交流」、physical and mental fatigue「心身の疲労」はぜひとも覚えておきたいフレーズ！

5. 24 時間の動画配信サービスは睡眠不足になります。	Around-the-clock streaming services can cause **sleep deprivation**.

☞ around-the-clock「24 時間の」。他に an around-the-clock gym「24 時間営業のジム」、open around the clock「24 時間開いている」も使えるようになろう！ streaming services「動画配信サービス」、sleep deprivation「睡眠不足」は重要フレーズで、他に sleep-deprived「睡眠不足の」も覚えておこう。

▶ TRACK 186

Q. Do you think you are depending too much on medicine?
あなたは薬に頼りすぎていると思いますか。

まず、薬（医療）に依存してしまう原因を考えてみましょう。

■ Yes の場合

1. 風邪をひいたときや何か症状があるときは、早く回復するためにすぐに医者に診てもらいに行きます。	If I catch a cold or have some symptoms, I go to a hospital immediately for a quick recovery.

☞ have symptoms「症状がある」

2. 私には仕事を 1 日や 2 日休む余裕がないので、職務を全うするためには医者の治療に頼らざるをえません。	I can't afford to take a day or two off from work, so I have to depend on doctors' treatments to fulfill my job responsibilities.

☞ fulfill one's job responsibility「仕事の責任を果たす」はぜひとも覚えておこう！ 他に assume [carry out] one's responsibility もバリエーションとして使えるようになろう！

次に、医療に依存する必要のない原因を考えてみましょう。

■ No の場合

1. 規則正しい生活、バランスの良い食事、良い睡眠の習慣を心がけ、薬に頼らないようにしています。	I try not to depend on medicine by **keeping regular hours**, having a well-balanced diet and a good sleep habit.

☞ keep regular hours「規則正しい生活をする」は必須フレーズ。

2. 私は病気予防対策として人間ドックなどの年に一回の健康診断も受けています。	I also have annual health checkups, including **complete physical examinations** as disease prevention measures.

☞ an annual health checkup「年一回の健康診断」、a complete physical examination「人間ドック」、disease prevention measures「病気予防対策」はぜひとも覚えておきたい表現！

いかがでしたか？　大変お疲れさまでした。
それでは次は「環境」トピックのトレーニングです。

④ 「環境」スピーキング力UPトレーニング

The Eenvironment

普段ニュースを見ていると、世界各国の**環境問題への取り組み（efforts to address environmental problems）**に関する報道を目にする機会が少なくありません。ここでは私たちの環境問題に対する意識の変化から身近な**エコ生活（eco-friendly lifestyle）**まで、英語で話す訓練をいたしましょう！

▶ TRACK 187

> **Q. Do you think you're an eco-friendly person?**
> **Are you doing something good for the environment?**
> あなたは環境にやさしいことをしていますか。

具体的な「エコ生活」を考えてみましょう。

1. 必要のない時に明かりや換気扇を消したりすることで電気を節約しています。	I try to conserve electricity by switching off lights and fans when not needed.

☞ switch off lights「明かりを消す」

2. 夏は電気を削減するためにエアコンを28度を下回らないようにして使います。	In summer, I run my air-conditioner at no lower than 28°C to cut down on electricity.

☞ run an air-conditioner at ～「エアコンを～に設定する」を覚えておこう。cut down on「削減する」は cut back on にも言い換え可能！

3. 冬は暖房を使わなくてもいいようにたくさん厚着をして暖かくしています。	In winter, I **wear many layers of clothes** to keep myself warm so that I don't have to turn on the heat.

☞ wear many layers of clothes「重ね着をする」はぜひとも使えるようになろう！ turn on the heat は「暖房をつける」。

4. 水の節約のために低水量の蛇口やシャワーヘッドを使ったり、電気をあまり使わない冷蔵庫のような燃費の良い家電製品を使用しています。	I use low flow faucets and shower heads for water conservation, and **energy-efficient appliances** such as an eco-friendly refrigerator.

☞ low flow faucets and shower heads「低水量の蛇口やシャワーヘッド」。energy-efficient appliance「エネルギー効率の良い家電製品」は必須フレーズ！

5. ボトルに入った飲み物のようなプラスチック製品は一切買わないようにしています。	I avoid buying all kinds of plastic products including bottled beverages.

☞ bottled beverages [drinks] は「ボトルに入った飲み物」。

6. プラスチックのゴミや過剰包装を減らすために自分のエコバックを持ち歩いています。	I carry my own "eco bag" to reduce plastic waste and **excessive wrappings**.

☞ plastic waste「プラスチックゴミ」、excessive wrapping [packaging]「過剰包装」は必須フレーズ！

7. 一度使用して捨てるような紙コップや割り箸、プラスチックのストローは使わないようにしています。	I stay away from **single-use** disposable products such as paper cups, wooden chopsticks, and plastic straws.

☞ stay away from ～「～を避ける」は会話表現で重要。ぜひとも使えるようになろう！ single-use「1回使用されて捨てられる（使い捨ての）」は disposable にも言い換え可能！

Q. Do you still buy eco-friendly products despite the higher costs?

Q. Would you like to pay more for eco-friendly products?

Q. Do you still make ecological purchases despite the higher costs?

値段が高くなりますが、それでもエコな製品を買いますか。

1. もし環境にとって良い貢献をできるのであれば値段の問題は克服できます。	I can **get over the price hurdle** if I can make a positive contribution to the environment.

☞ get over the price hurdle「価格の障害を乗り越える」。他に ride out[weather] the difficulty「難局を乗り越える」も使えるようになろう！

2. 地球温暖化のような環境問題に対処するために私たちは一致団結して行動しなくてはなりません。	We should work together to address environmental problems such as global warming.

☞ work together の他に act collectively「一致団結して行動する」、make concerted efforts「協調努力する」もぜひとも覚えておきたい重要フレーズ！

編著者紹介

植田 一三（うえだ・いちぞう）

年齢・ジェンダー・国籍を超える英悟の超人（amortal philosophartist）。次代をリードする英語の最高峰資格8冠突破・英才教育＆英語教育書ライター養成校「アクエアリーズ」学長。JEFA（Japan Educational Fellowship Association）会長。英語の勉強を通して、キャリアUP、自己実現、社会貢献を目指す「英悟道」精神、Let's enjoy the process!（陽は必ず昇る）をモットーに、39年間の指導歴で，英検1級合格者を約2,600名、英語資格4冠（英検1級・通訳案内士・TOEIC 980点・国連特A突破）を200名以上輩出。日本で15年間、英語道を極めた後、39歳でノースウェスタン大学院修士課程、テキサス大学博士課程コミュニケーション学部に留学して視野を広げ、人間力を鍛え、同大学で異文化コミュニケーション学を指導。著書は、英語・中国語・韓国語・日本語学習書と多岐にわたって100冊を超え、その多くはアジア5か国で翻訳されている。

常田 純子（つねだ・じゅんこ）

外資系企業で勤務後、英検1級を取得し、産業翻訳士として活躍。その後、実用英語と英検、IELTS、TEAPを含む英語資格対策テストを20年以上指導。英国のTESOL、IELTS教授法資格を取得し、4つの技能を高めるメソドロジーを確立する。アクエアリーズ英語教育出版の主力メンバー。『TOEFLテスト必須語彙1200＋分野別語彙800』（オープンゲート）を執筆。

上田 敏子（うえだ・としこ）

アクエアリーズ英検1級・国連英検特A級・IELTS講座講師。バーミンガム大学院修了（優秀賞）後、ケンブリッジ大学で国際関係論コース修了。日本最高峰資格、国連英検特A級、工業英検1級（文部科学大臣賞）・英検1級・TOEIC満点・通訳案内士資格取得。鋭い異文化洞察と芸術的鑑識眼を備え、英語教育を通して人類の未来を切り開く英語教育界のワンダーウーマン。主な著書に『英語で経済・政治・社会を討論する技術と表現』（ベレ出版）『英語の議論を極める本』『英検ライティング大特訓シリーズ』『英検面接大特訓シリーズ』（アスク出版）『IELTSライティング徹底攻略』（語研）がある。

Michy 里中（ミッチー・さとなか）

アクエアリーズ英検1級・英検準1級・通訳案内士・TOEIC満点講座講師。ビジネス会議通訳者。ロサンゼルスで長期にわたりショー・ビジネス通訳業務に携わり、アパレル業界の通訳・翻訳業にも15年以上携わるバイリンガル。主な著書に『英会話フレーズ大特訓ビジネス編』（Jリサーチ出版）、『英検1級・準1級ライティング大特訓シリーズ』（アスク出版）『発信型英語 類語使い分けマップ』『英検準1級100時間大特訓』（ベレ出版）などがある。

- ──カバーデザイン 竹内 雄二
- ── DTP・本文図版 株式会社 文昇堂
- ──校正協力 仲 慶次
- ──本文イラスト いげた めぐみ

- ──音声収録時間 2時間14分47秒

[音声DL付] 英語スピーキング大特訓 自分のことを論理的に話す技術とトレーニング

2022 年 9 月 25 日　初版発行 2024 年 8 月 26 日　第 3 刷発行	
著者	植田 一三・常田 純子・上田 敏子・Michy 里中
発行者	内田 真介
発行・発売	ベレ出版 〒162-0832　東京都新宿区岩戸町 12 レベッカビル TEL.03-5225-4790　FAX.03-5225-4795 ホームページ　https://www.beret.co.jp/
印刷	三松堂 株式会社
製本	根本製本 株式会社

ISBN 978-4-86064-700-1 C2082　　　　　　　　　　　編集担当　脇山和美